GRAMMAIRE

FRANÇAISE

ÉLÉMENTAIRE,

suivie

D'UN TRAITE D'ANALYSE GRAMMATICALE,

ET D'EXERCICES ORTHOGRAPHIQUES,

A L'USAGE DES ÉCOLES PRIMAIRES,

Par F. Jacquet.

LYON.

IMPRIMERIE ET LITHOGRAPHIE DE VEUVE AYNÉ;

Grande rue Mercière, 44.

1848.

AVERTISSEMENT.

Persuadé que dire suffisamment en peu de mots et le dire avec toute la simplicité, la clarté et la précision possibles, constitue le mérite essentiel d'un ouvrage élémentaire, j'ai, pour arriver à ce but, employé tous mes soins dans la petite Grammaire que j'ai l'honneur d'offrir à la jeunesse; aussi me suis-je appliqué à n'admettre aucun mot superflu, rien qui ne soit nécessaire pour l'intelligence ou pour l'instruction, comme aussi j'ai cru y avoir inséré tous les principes nécessaires à la connaissance de notre langue.

On verra si j'ai réussi dans ma tâche, toute dans l'intérêt des élèves, c'est-à-dire dans les vues d'accélérer leurs progrès en leur épargnant trop de fatigues et d'ennuis qu'ils éprouveraient avec des grammaires trop étendues et d'un langage trop relevé pour eux.

A la fin de chaque chapitre sont placées des questions ou demandes, en regard desquelles sont des numéros d'ordre correspondant avec d'autres numéros placés en tête de chacun des articles contenus dans la présente Grammaire. Les Instituteurs en reconnaîtront l'utilité et sauront les mettre en usage.

La première partie ne comprend que les règles les plus fondamentales, que les principes les plus essentiels sur les différentes espèces de mots.

La seconde partie, tout en fournissant le complément de ces premières règles, donne la solution de toutes les difficultés qui peuvent se rencontrer dans leur application, et prescrit l'emploi des parties du discours. Malgré que tous ces éclaircissements se rattachent toujours aux principes généraux qui ont été donnés dans la première partie, ils ont néanmoins été renvoyés à la deuxième, pour ne pas interrompre la série de ces premières notions par lesquelles ont doit commencer à fixer l'attention des jeunes intelligences.

A ce traité sur les dix parties du discours, j'ai ajouté des notions suffisantes sur l'orthographe, la ponctuation et l'analyse grammaticale.

Egalement persuadé qu'une théorie quelconque est insuffisante sans la pratique, j'ai, pour cette raison, placé à la suite de la présente Grammaire des exercices orthographiques rangés selon l'ordre des matières grammaticales.

Quoique ces exercices ne soient placés qu'à la fin de la Grammaire, le professeur n'attendra pas que ses élèves l'aie vue en entier avant de leur faire commencer les susdits exercices ; mais il considérera, au contraire, chaque exercice comme en regard de chacune de ses leçons qui, aussitôt donnée, de suite sera suivie de l'application, c'est-à-dire, de l'exercice analogue.

GRAMMAIRE FRANÇAISE.

PREMIÈRE PARTIE.

INTRODUCTION.

1. La Grammaire est l'art de parler et d'écrire correctement.

2. Pour parler et pour écrire, on emploie des *mots*.

3. Les *mots* sont composés de *lettres*.

4. Il y a vingt-cinq *lettres* qu'on divise en *voyelles* et en *consonnes*.

5. Les *voyelles* sont : *a*, *e*, *i*, *o*, *u* et *y*. Elles sont ainsi appelées, parce que, seules, elles forment une *voix*, un *son*.

6. Les *consonnes* sont : *b*, *c*, *d*, *f*, *g*, *h*, *j*, *k*, *l*, *m*, *n*, *p*, *q*, *r*, *s*, *t*, *v*, *x*, *z*. Ces lettres sont ainsi nommées parce qu'elles ne peuvent exprimer un son qu'avec le secours des voyelles.

7. On divise les voyelles en *longues* et en *brèves*.

8. Les voyelles *longues* sont celles sur lesquelles on appuie longtemps en les prononçant, comme l'*a* dans *grâce*, l'*e* dans *fête*.

9. Les voyelles *brèves* sont celles que l'on prononce rapidement, comme l'*a* dans *trace*, l'*e* dans *demi*, l'*i* dans *vite*.

10. Il y a trois sortes d'*e* : l'*e muet*, l'*e fermé* et l'*e ouvert*.

L'*e muet* dont le son est sourd et peu sensible, comme dans *homme*, *monde*.

L'*é fermé*, qui se prononce la bouche presque fermée : *été*, *pénétré*.

L'*è ouvert*, qui se prononce la bouche un peu plus ouverte que pour l'*é* fermé : *succès*, *modèle*.

11. Il y a trois sortes d'accents, savoir :

L'accent *aigu* ('), qui se met sur la plupart des *é* fermés : *révéré*, *répété*.

L'accent *grave* (`), qui se met sur la plupart des *è* ouverts : *père*, *mère*.

L'accent *circonflexe* (^), qui se met sur la plupart des voyelles longues : *apôtres*, *épître*.

12. L'*y* s'emploie souvent pour deux *i*, comme dans *pays*, *moyen*, *joyeux* ; et quelquefois pour un *i*, comme dans *style*, *martyr*.

13. La lettre *h* est *muette* ou *aspirée* : *muette* quand elle est nulle pour la prononciation, comme dans *l'homme*, *l'habit* ; *aspirée* quand elle fait prononcer du gosier la voyelle qui suit, comme dans *la haine*, *le hameau*, *le héros*.

DES SYLLABES.

14. On appelle *syllabe* une ou plusieurs lettres prononcées en une seule émission de voix : le mot *bon* n'a qu'une syllabe, *avarice* en a quatre : *a-va-ri-ce*.

15. On appelle *monosyllabe* un mot qui n'a qu'une syllabe, et *polysyllabe* celui qui en a plusieurs.

16. On appelle *diphtongue* une réunion de plusieurs voyelles qui expriment un son double et qui néanmoins se prononcent en une seule émission de voix, comme *ia*, *ie*, *io*, dans *fiacre*, *miel*, *fiole*, *poisson*.

DES DIFFÉRNTES ESPÈCES DE MOTS.

17. La langue française se compose de dix sortes

de mots, qu'on appelle les *parties du discours.* Ces mots sont : le *nom* ou *substantif*, l'*article*, l'*adjectif*, le *pronom*, le *verbe*, le *participe*, l'*adverbe*, la *préposition*, la *conjonction* et l'*interjection*.

18. Ces dix espèces de mots sont divisées en mots *variables* et en mots *invariables*.

19. Les mots *variables* sont ceux dont la terminaison varie ; ce sont : le *nom* ou *substantif*, l'*article*, l'*adjectif*, le *pronom*, le *verbe* et le *participe*.

20. Les mots *invariables* sont ceux dont la terminaison ne varie jamais ; ce sont : l'*adverbe*, la *préposition*, la *conjonction* et l'*interjection*.

QUESTIONS SUR L'INTRODUCTION.

NOTA. Pour abréger, nous emploierons *Q.* pour *Qu'est ce que*, *C.* pour *Comment* et *Q. R. V.* pour *Que remarquez-vous?*

1. Qu'est-ce que la *Grammaire?*
2. Qu'emploie-t-on pour parler et pour écrire?
3. Combien y a-t-il de *lettres?*
4. De quoi sont composés les *mots?*
5. Quelles sont les *voyelles* et pourquoi sont-elles ainsi appelées?
6. Quelles sont les *consonnes* et pourquoi sont-elles ainsi appelées?
7. Comment divise-t-on les voyelles?
8. Q. les voyelles *longues?*
9. Q. les voyelles *brèves?*
10. Combien y a-t il de sortes d'*e* et que sont-ils?
11. . . . . d'*accents* et que sont-ils?
12. Q. R. V. sur la lettre *y?*
13. . . . . sur la lettre *h?*
14. Qu'appelle-t-on *syllabe?*
15. . . . . *monosyllabe* et *polysyllabe?*
16. . . . . *diphtongue?*

17. Combien y a-t-il d'*espèces de mots?*
18. Comment sont divisés ces dix espèces de mots?
19. Qu'appelle-t-on mots *variables?*
20. . . . . mots *invariables?*

DES MOTS VARIABLES.

CHAPITRE PREMIER.

DU NOM ou SUBSTANTIF.

21. Le *nom* est un mot qui sert à nommer une personne ou une chose, comme *Pierre*, *Paul*, *livre*, *chapeau*, *vertu.*

22. Il y a deux sortes de noms : le nom *commun* et le nom *propre.*

23. Le nom *commun* est celui qui convient à toutes les personnes ou à toutes les choses de même espèce, comme le nom *homme*, qui convient à tous les hommes ; le nom *ville*, qui convient à toutes les villes.

24. Le nom *propre* est celui qui sert à distinguer une personne ou une chose des autres personnes ou des autres choses de même espèce, comme le nom *Adam*, qui sert à distinguer un homme des autres hommes ; le nom *Paris*, qui sert à distinguer une ville des autres villes.

25. Les noms propres doivent commencer par une lettre majuscule.

DU GENRE DES NOMS.

26. Il y a dans les noms deux genres, le *masculin* et le *féminin*.

27. Les noms d'hommes ou de mâles sont du genre masculin, comme un *roi*, un *lion*.

28. Les noms de femmes ou de femelles sont du genre féminin, comme une *reine*, une *lionne*.

29. Par analogie, l'on donne aussi l'un ou l'autre genre aux noms des choses inanimées. Ainsi, *soleil*, *monde*, ont été faits du genre masculin; *maison*, *table*, du genre féminin.

30. On connaît qu'un nom est du genre masculin quand l'usage permet de mettre devant ce nom les mots *le* ou *un*, comme *le père*, *un livre*.

31. On connaît qu'il est du genre féminin quand il convient de mettre devant lui les mots *la* ou *une*, comme *la mère*, *une table*.

DU NOMBRE DES NOMS.

32. Il y a deux *nombres* dans les noms : le *singulier* et le *pluriel*.

33. Le *singulier*, quand on parle d'une seule personne ou d'une seule chose : *un homme*, *un livre*.

34. Le *pluriel*, quand on parle de plusieurs personnes ou de plusieurs choses : *des hommes*, *des livres*.

DE LA FORMATION DU PLURIEL DANS LES NOMS.

35. Pour former le *pluriel* des noms, on ajoute *s* à la fin du singulier : *le livre*, *les livres*; *la maison*, *les maisons*.

36. Sont exceptés :

1° Les noms terminés au singulier par *s*, *x*, *z*, qui ne changent pas au pluriel : *le fils*, *les fils*; *la voix*, *les voix* ; *le nez*, *les nez*.

2° Les noms terminés par *au*, *eu*, qui prennent *x* au pluriel : *un tonneau*, *des tonneaux* ; *un neveu*, *des neveux*.

3° Les noms suivants terminés par *ou* : *chou*, *genou*, *pou*, *hibou*, *caillou*, *joujou bijou*, qui prennent aussi *x* au pluriel : *des choux*, *des genoux*, etc. (Les autres noms en *ou* prennent *s* suivant la règle générale.)

4° les noms terminés en *al*, qui ont leur pluriel en *aux* : *le mal*, *les maux* ; *le cheval*, *les chevaux*. (Cependant *bal*, *carnaval* et *régal* font *bals*, *carnavals* et *régals*, suivant la règle générale.)

5° Les cinq noms suivants terminés par *ail* : *bail*, *corail*, *émail*, *soupirail* et *travail*, qui font *baux*, *coraux*, *émaux*, *soupiraux* et *travaux*. *Travail* fait aussi *travails* au pluriel, lorsqu'il désigne soit des machines propres à contenir les chevaux vicieux qu'on veut ferrer, soit les comptes présentés par un chef d'administration à un supérieur. (Les autres noms en *ail* suivent la règle générale.)

6° *Aïeul*, qui fait *aïeux* lorsqu'il s'agit d'ancêtres en général : *nos aïeux étaient plus simples que nous* ; et *aïeuls* quand il s'agit du grand-père : *mes aïeuls paternels*, *mes aïeuls maternels*.

7° *Ciel*, qui fait *cieux*, excepté lorsqu'il s'agit de dessus de lits, de climats, de tableau et de haut de carrière.

8° *OEil*, qui fait *yeux*, à la seule exception du nom *œil-de-bœuf*, qui fait *œils-de-bœufs*.

QUESTIONS SUR LE NOM OU SUBSTANTIF.

21. Qu'est-ce que le *nom*?
22. Combien y a-t-il de sortes de noms ?
23. Qu'est-ce que le nom *commun*?
24. Qu'est-ce que le nom *propre*?
25. Par quelle lettre doivent commencer les noms propres ?
26. Combien y a-t-il de *genres* dans les noms ?
27. Quels sont les noms qui sont du genre *masculin*?
28. . . . . *féminin*?
29. Q. R. V. sur le genre des noms de choses inanimées ?
30. Comment connaît-on qu'un nom est du genre *masc.*?
31. Comment . . . . *fém.*?
32. Combien y a-t-il de *nombres* dans les noms ?
33. Quand est-ce qu'un nom est au *singulier*?
34. . . . . *pluriel*?
35. Comment forme-t-on le pluriel des noms ?
36. Quelles sont les exceptions à cette règle ?

CHAPITRE II.

DE L'ARTICLE.

37. L'*article* est un petit mot que l'on met devant les noms communs, qui sont pris dans un sens déterminé.

38. Nous n'avons qu'un article, qui est *le* pour le masculin singulier ; *la* pour le féminin singulier, et *les* pour le pluriel des deux genres : *le père*, *la mère*, *les pères*, *les mères*.

REMARQUES SUR L'ARTICLE.

39. 1re *Remarque*. Quand le mot qui suit *le*, *la*, commence par une voyelle ou une *h* muette, on retranche *e* de l'article *le*, *a* de l'article *la*, et on remplace ces lettres par une apostrophe ('). (Cette suppression de lettres s'appelle *élision*.)

Ainsi l'on dit : *l'argent* pour *le argent*, *l'histoire* pour *la histoire*.

40. 2e *Remarque*. Quand l'article est précédé d'une des prépositions *de* ou *à*, il arrive souvent que ces deux mots, préposition et article, se réunissent en un seul. (Cette réunion de deux mots en un seul s'appelle contraction).

Ainsi l'on dit :

Du, pour *de le* : *palais du roi*, pour *de le roi*.
Des, pour *de les* : *palais des rois*, pour *de les rois*.
Au, pour *à le* : *j'obéis au roi*, pour *à le roi*.
Aux, pour *à les* : *j'obéis aux rois*, pour *à les rois*.

QUESTIONS SUR L'ARTICLE.

37. Qu'est-ce que *l'article*?
38. Combien y a-t-il d'articles?
39. Q. R. V. sur l'article placé devant une voyelle?
40. . . . . . . l'article précédé d'une des prépositions *à*, *de*?

CHAPITRE III.

DE L'ADJECTIF.

De l'Adjectif en général.

41. *L'adjectif* est un mot que l'on ajoute au nom

pour le modifier, soit en le *qualifiant*, comme *bon père*, *belle image*, soit en le *déterminant*, comme *mon père*, *cette table*.

42. Il y a donc deux sortes d'adjectifs : l'adjectif *qualificatif* et l'adjectif *déterminatif*.

DE L'ADJECTIF QUALIFICATIF.

43. L'adjectif *qualificatif* est un mot que l'on ajoute au nom pour marquer la qualité d'une personne ou d'une chose, comme *bon père*, *bonne mère*, *beau livre*, *belle image*.

44. On connaît qu'un nom est adjectif qualificatif, quand on peut y joindre les mots *personne* ou *chose*.

Ainsi *habile*, *agréable*, sont des adjectifs qualificatifs, parce qu'on peut dire : *personne habile*, *chose agréable*.

FORMATION DU FÉMININ DANS LES ADJECTIFS.

45. Les adjectifs qui ne finissent pas par un *e* muet au masculin en prennent un au féminin : *prudent*, *prudente* ; *petit*, *petite* ; *poli*, *polie* ; *gris*, *grise*.

46. Les adjectifs terminés au masculin par un *e* muet ne changent pas au féminin : *un homme habile*, *une femme habile*.

EXCEPTIONS.

47. 1re *Exception*. Il y a des adjectifs qui doublent au féminin leur consonne finale et y ajoutent un *e* muet.

Ce sont :

1° Les adjectifs qui sont terminés par :

EL : *cruel*, *cruelle* ; *tel telle*.

EIL : *pareil*, *pareille* ; *vermeil*, *vermeille*.

ON : *bon*, *bonne* ; *fripon*, *friponne*.

IEN: *ancien*, *ancienne*; *chrétien*, *chrétienne*.
L: *nul*, *nulle*; *gentil*, *gentille*.
N: *paysan*, *paysanne*.
S: *gros*, *grosse*; *gras*, *grasse*; *épais*, *épaisse*.
T: *sot*, *sotte*; *muet*, *muette*; *net*, *nette*.

Cependant *ras* fait *rase*; *concret*, *concrète*; *complet*, *complète*; *discret*, *discrète*; *inquiet*, *inquiète*; *prêt*, *prête*; *replet*, *replète*; *secret*, *secrète*.

2° Les adjectifs *fou*, *mou*, *vieux*, *beau* et *nouveau*, dont le féminin est *folle*, *molle*, *vieille*, *belle et nouvelle*, parce qu'au masculin on dit aussi *fol*, *mol*, *vieil*, *bel*, *nouvel*, devant une voyelle ou une *h* muette.

48. 2e *Exception*. D'autres adjectifs forment irrégulièrement leur féminin.

Ce sont :

1° Ceux terminés par *f*, qui changent *f* en *ve*: *neuf*, *neuve*; *vif*, *vive*; *bref*, *brève*.

2° Ceux terminés par *x*, qui changent *x* en *se*: *heureux*, *heureuse*; *jaloux*, *jalouse*. Cependant *doux* fait *douce*; *roux*, *rousse*; *faux*, *fausse*; *préfix*, *préfixe*

3° Les suivants :

Blanc,	*blanche*.	*Long*,	*longue*.
Franc,	*franche*.	*Oblong*,	*oblongue*.
Sec,	*sèche*.	*Tiers*,	*tierce*.
Frais,	*fraîche*.	*Malin*,	*maligne*.
Public,	*publique*.	*Bénin*,	*bénigne*.
Caduc,	*caduque*.	*Favori*,	*favorite*.
Turc,	*turque*.	*Coi*,	*coite*.
Grec,	*grecque*.	*Absous*,	*absoute*.

4° Les adjectifs en *eur*, qui font leur féminin en *euse*, quand on peut changer *eur* en *ant*, participe présent; ainsi *trompeur* fait *trompeuse*; *parleur*, *parleuse*, parce qu'on peut dire *trompant*, *parlant*; et en *trice*, quand on ne peut pas changer *eur* en *ant* : ainsi *protecteur* fait *protectrice*, *adulateur*, *adulatrice*, etc., parce qu'on ne peut pas dire *protectant*, *adulatant*.

Cependant *débiteur* fait *débitrice* ; *exécuteur*, *exécutrice* ; *inspecteur*, *inspectrice* ; *persécuteur*, *persécutrice*, etc.

Pécheur fait *pécheresse* ; *vengeur*, *vengeresse* ; *enchanteur*, *enchanteresse*, *etc.*, *etc.*

Gouverneur fait *gouvernante* ; *serviteur* fait *servante*.

49. 1re *Remarque*. Les adjectifs en *érieur* forment régulièrement leur féminin par l'addition d'un *e* : *supérieur*, *supérieure* ; il en est de même de *majeur*, *mineur*, *meilleur*, etc.

50. 2e *Remarque*. Les adjectifs en *eur* et quelques autres, qui expriment des professions, des états ordinairement exercés par des hommes, ne changent pas au féminin ; tels sont : *auteur*, *docteur*, *professeur*, *chef*, *médecin*, etc.

FORMATION DU PLURIEL DANS LES ADJECTIFS.

51. Le pluriel des adjectifs se forme, comme celui des noms, par l'addition d'une *s* à la fin du singulier : *grand*, *grande* ; au pluriel : *grands*, *grandes*.

52. Sont exceptés, comme aussi dans les noms :

1° Les adjectifs terminés par *s*, *x*, qui ne changent pas aussi au pluriel : *un habit gris*, *des habits gris* ; *un homme heureux*, *des hommes heureux*.

2° Les adjectifs en *au*, qui prennent *x* au pluriel : *beau*, *beaux* ; *nouveau*, *nouveaux* ; *jumeau*, *jumeaux*.

3° La plupart des adjectifs en *al*, qui ont leur pluriel en *aux* : *égal*, *égaux* ; *moral*, *moraux*, etc.

ACCORD DES ADJECTIFS AVEC LES NOMS.

53. Tout adjectif doit être au même genre et au même nombre que le nom auquel il se rapporte.

Ex. *Le bon père, la bonne mère.*

Bon est au masculin et au singulier, parce que *père* est du masculin et au singulier; *bonne* est au féminin et au singulier, parce que *mère* est du féminin et au singulier.

54. Quand un adjectif se rapporte à plusieurs noms singuliers, on met cet adjectif au pluriel; et si les noms sont de différents genres, on met l'adjectif au masculin pluriel.

Ex. *Le roi et le berger sont égaux après la mort.*

Mon père et ma mère sont contents, (et non pas *contentes*).

55. On reconnaît le nom auquel un adjectif se rapporte, en faisant avec cet adjectif la question *qui est-ce qui?* ou *qu'est-ce qui?*

Ex. *Le bon père. Qui est-ce qui est bon?* Rép. *le père; père* est donc le nom auquel l'adjectif *bon* se rapporte.

DE L'ADJECTIF DÉTERMINATIF.

56. Les adjectifs *déterminatifs* sont ceux qui ajoutent au nom auquel ils sont joints, une idée qui détermine sa signification.

57. Il y a quatre sortes d'adjectifs déterminatifs : les *démonstratifs*, les *possessifs*, les *numéraux* et les *indéfinis*.

DES ADJECTIFS DÉMONSTRATIFS.

58. Les adjectifs *démonstratifs* sont ceux qui ser-

vent à déterminer le nom auquel ils sont joints, et à montrer l'objet que ce nom représente.

Comme quand je dis : *ce livre*, *cette table*, je montre un livre une table.

Les adjectifs déterminatifs sont :

Ce, *cet*, pour le masculin singulier ;

Cette, pour le féminin singulier ;

Ces, pour le pluriel des deux genres.

59. *Remarque.* On met *ce* devant une consonne ou une *h* aspirée, et *cet* devant une voyelle ou une *h* muette : *ce soldat*, *ce héros*, *cet enfant*, *cet homme.*

DES ADJECTIFS POSSESSIFS.

60. Les adjectifs *possessifs* sont ceux qui déterminent la signification du nom auquel ils sont joints, en y ajoutant une idée de possession.

Les adjectifs possessifs sont :

Sing. masc. : *Mon*, *ton*, *son*, *notre*, *votre*, *leur.*
Sing. fém. : *Ma*, *ta*, *sa*, *notre*, *votre*, *leur.*
Pl. des 2 g. : *Mes*, *tes*, *ses*, *nos*, *vos*, *leurs.*

61. *Remarque. Mon*, *ton*, *son* s'emploient au lieu de *ma*, *ta*, *sa* devant un nom féminin commençant par une voyelle ou une *h* muette ; ainsi l'on dit : *mon âme*, pour *ma âme ; ton humeur*, pour *ta humeur.* (C'est par euphonie, c'est-à-dire pour la douceur de la prononciation).

DES ADJECTIFS NUMÉRAUX.

62. Les adjectifs numéraux sont ceux qui déterminent la signification du nom, en y ajoutant une idée de nombre ou d'ordre.

63. Il y en a de deux sortes : les adjectifs numéraux *cardinaux* et les adjectifs numéraux *ordinaux.*

64. Les adjectifs numéraux *cardinaux* sont ceux

qui marquent le nombre, comme *un*, *deux*, *trois*, *dix*, *cent*, *mille*, etc.

65. Les adjectifs numéraux *ordinaux* sont ceux qui marquent l'ordre, le rang, comme *premier*, *second*, *troisième*, *dixième*, etc.

DES ADJECTIFS INDÉFINIS.

66. Les adjectifs *indéfinis* sont ceux qui déterminent le nom, en y ajoutant une idée de généralité.

Les adjectifs indéfinis sont :

1° *Chaque*, *même*, *quel*, *quelque*, *quelconque*, *maint*, *certain*.

2° *Autre*, *plusieurs*, *tout*, *tel*, *aucun*, *nul* (devant un nom).

Ces six derniers peuvent devenir pronoms indéfinis (n° 83).

QUESTIONS SUR L'ADJECTIF.

41. Qu'est-ce que l'*adjectif*?
42. Combien y a-t-il de sortes d'adjectifs ?
43. Qu'est-ce que l'adjectif *qualificatif*?
44. Comment connaît-on qu'un mot est adj. ?
45. Comment forme-t-on le féminin des adj. ?
46. Les adj. terminés au masc. par un *e* muet changent-ils de terminaison au féminin ?
47. N'y a-t-il pas des adj. qui redoublent leur consonne finale en y ajoutant un *e* muet ?
48. N'y a-t-il pas des adj. qui forment irrégulièrement leur féminin.
49. C. les adj. en *érieur* forment-ils leur fém.?
50. Comment les adj. en *eur* forment-ils leur fémin.?
51. Comment se forme le pluriel des adj.
52. Quelles sont les exceptions à cette règle?

53. A quel genre et à quel nombre doivent être les adj.?
54. Quelle est la règle d'accord d'un adj. qui se rapporte à plusieurs noms ?
55. Comment connaît-on le nom auquel un adj. se rapporte ?
56. Qu'est-ce que les adj. *déterminatifs ?*
57. Combien y a-t-il de sortes d'adj.?
58. Q. les adj. *démonstratifs* et que sont-ils ?
59. Q. R. V. sur *ce*, *cet ?*
60. Q. les adj. *possessifs* et que sont-ils ?
61. Q. R. V. sur *mon*, *ton*, *son ?*
62. Q. les adj. *numéraux ?*
63. Combien y a-t-il de sortes d'adj. num. ?
64. Q. les adj. num. *cardinaux ?*
65. Q. les adj. num. *ordinaux ?*
66. Q. les adj. *indéfinis ?*

CHAPITRE IV.

DU PRONOM.

67. Le *pronom* est un mot qui tient la place du nom.

Si en parlant d'un enfant, je dis : *il est sage*, le mot *il* tient la place d'*enfant ;* c'est un pronom.

68. Il y a cinq sortes de pronoms : les pronoms *personnels*, les pronoms *démonstratifs*, les pronoms *possessifs*, les pronoms *conjonctifs* ou *relatifs*, et les pronoms *indéfinis*.

DES PRONOMS PERSONNELS.

69. Les pronoms *personnels* sont ceux qui désignent plus particulièrement les personnes.

70. Il y a trois personnes :

71. La première personne est celle qui parle.

Ses pronoms sont :

Je, *me*, *moi*, pour le singulier des deux genres ;
Nous, pour le pluriel des deux genres.

72. La seconde personne est celle à qui l'on parle.

Ses pronoms sont :

Tu, *te*, *toi*, pour le singulier des deux genres ;
Nous, pour le pluriel des deux genres.

73. La troisième personne est celle de qui l'on parle :

Ses pronoms sont :

Il, *elle*, *ils*, *elles* ; *le*, *la*, *les* ; *se*, *soi*, *eux* ; *lui*, *leur* ; *en*, *y*.

74. *Remarque*. *Le*, *la*, *les*, *leur*, pronoms personuels, accompagnent toujours un verbe : *Je* le *vois*, *je* la *vois*, *je* les *vois*, *je* leur *parle* ;

Le, *la*, *les*, articles, et *leur*, adjectif possessif, sont toujours suivis d'un nom : Le *roi*, la *reine*, les *princes*, leurs *ministres*.

DES PRONOMS DÉMONSTRATIFS.

75. Les pronoms *démonstratifs* sont ceux qui servent à montrer l'objet exprimé par le nom dont ils tiennent la place.

Les pronoms démonstratifs sont :

SINGULIER.		PLURIEL.	
Masc.	Fém.	Masc.	Fém.
Ce,			
Ceci,			
Cela,			
Celui,	*celle*,	*ceux*,	*celles*.
Celui-ci,	*celle-ci*,	*ceux-ci*,	*celles-ci*.
Celui-là,	*celle-là*,	*ceux-là*,	*celles-là*.

76. *Remarque*. Il ne faut pas confondre *ce*, pronom démonstratif, avec *ce*, adjectif démonstratif.

Ce, pronom démonstratif, est toujours joint au verbe *être* ou suivi des pronoms *que*, *qui*, *quoi*, *dont*, *C'est moi*, ce *sont eux*; ce *qui me plaît*; ce *dont je parle*; ce *à quoi je travaille*.

Ce, adjectif démonstratif, est toujours suivi d'un nom : *ce château*, *ce hameau*.

DES PRONOMS POSSESSIFS.

77. Les pronoms *possessifs* sont ceux qui expriment la possession du nom dont ils tiennent la place.

Les pronoms possessifs sont :

SINGULIER.		PLURIEL.	
Masc.	Fém.	Masc.	Fém.
Le mien,	*la mienne*,	*les miens*,	*les miennes.*
Le tien,	*la tienne*,	*les tiens*,	*les tiennes.*
Le sien,	*la sienne*,	*les siens*,	*les siennes.*
Le nôtre,	*la nôtre*,	*les nôtres*,	*les nôtres.*
Le vôtre,	*la vôtre*,	*les vôtres*,	*les vôtres.*
Le leur,	*la leur*,	*les leurs*,	*les leurs.*

78. *Remarque*. Il ne faut pas confondre les pronoms possessifs avec les adjectifs possessifs.

L'adjectif possessif est toujours suivi d'un nom : *Notre maison*, *votre jardin*.

Le pronom possessif tient la place d'un nom et est toujours précédé de l'article : de plus, *nôtre*, *vôtre*, pronoms, prennent l'accent circonflexe, et jamais *notre*, *votre*, adjectif : *Votre maison et plus belle que la nôtre.*

DES PRONOMS CONJONCTIFS OU RELATIFS.

79. Le pronom *conjonctif* est celui qui joint, qui

lie un nom dont il tient la place, quelques mots qui servent à l'expliquer ou à le déterminer.

Les pronoms conjonctifs sont :

Qui, *que*, *quoi*, *dont* (et *où*, mis pour *auquel*, *dans lequel*, etc.).

Sing. masc. :	*Lequel*,	*duquel*,	*auquel.*
fém. :	*Laquelle*,	*de laquelle*,	*à laquelle.*
Plur. masc. :	*Lesquels*,	*desquels*,	*auxquels.*
fém. :	*Lesquelles*,	*desquelles*,	*auxquelles.*

80. Le mot auquel se rapporte le pronom conjonctif s'appelle *antécédent.*

Ainsi dans ces phrases : *Dieu qui a créé le monde*, *la terre que j'habite*, *Dieu* est l'antécédent de *qui*, *terre* est l'antécédent de *que.*

81. Le pronom conjonctif doit toujours être au même genre, au même nombre et de la même personne que son antécédent.

Ainsi, dans l'exemple cité plus haut, *qui* est au masculin singulier et de la troisième personne, à cause de son antécédent *Dieu*, et *que* est au féminin singulier et de la troisième personne, à cause de son antécédent *terre.*

82. *Remarque. Qui*, *que*, *quoi*, ne sont pronoms conjonctifs que quand ils ont un antécédent et qu'on peut les tourner par *lequel? laquelle? lesquels*, etc.

DES PRONOMS INDÉFINIS.

83. Les pronoms *indéfinis* sont ceux qui tiennent la place des personnes ou des choses, qu'on ne veut ou qu'on ne peut nommer.

Les pronoms indéfinis sont :

1° *On*, *quelqu'un*, *quiconque*, *qui que ce soit*, *quoi que ce soit*, *chacun*, *l'un*, *l'autre*, *autrui*, *rien*, *personne*, qui sont toujours pronoms indéfinis ;

2° *Autre*, *plusieurs*, *tout*, *tel*, *aucun*, *nul*, quand ils ne sont pas joint à un nom ou à un pronom ; car si ces mots sont joints et se rapportent à un nom ou à un pronom, ils sont adjectifs indéfinis. (n° 66.)

Exemples des pronoms indéfinis :

Nul, aucun *n'a échappé* ; plûsieurs *prétendent* que...

Exemples des adjectifs indéfinis :

Nul *homme*, aucune *puissance ne peut...* ; telle *vie*, telle *mort.*

3° *Qui*, *que*, *quoi*, quand ces pronoms n'ont pas d'antécédent et qu'on peut les tourner par *quelle personne?* ou *quelle chose?*

Ex. : Qui *a fait cela?* que *dites-vous?* *à* quoi *pensez-vous?*

QUESTIONS SUR LE PRONOM.

67. Qu'est-ce que le *pronom?*
68. C. y a-t-il de sortes de pronoms et que sont-ils?
69. Q. que les pronoms *personnels?*
70. Combien y a-t-il de *personnes?*
71. Quelle est la *première personne?*
72. — *deuxième* — ?
73. — *troisième* — ?
74. Q. R. V. sur *le*, *la*, *les*, *leur?*
75. Q. les pronoms *démonstratifs* et que sont-ils ?
76. Q. R. V. sur *ce?*
77. Q. les pronoms *possessifs* et que sont-ils?
78. C. distingue-t-on les pron. poss. des adj. poss.?
79. Q. les pronoms *conjonctifs* et que sont-ils ?
80. Qu'appelle-t-on *antécédent?*
81. Quel est l'accord des pronoms conjonctifs?
82. Comment connaît-on les pronoms conjonctifs?
83. Q. que les pronoms *indéfinis* et que sont-ils?

CHAPITRE V.

. DU VERBE.

84. Le *verbe* est un mot qui exprime l'existence, et qui sert à marquer l'état ou l'action, comme *être*, *je suis*, *lire*, *je lis*.

85. On reconnaît qu'un mot est un verbe quand on peut y ajouter les pronoms : *Je*, *tu*, *il*, *nous*, *vous*, *ils*.

Ainsi le mot *lire* est un verbe, parce qu'on peut dire : *Je lis*, *tu lis*, *il lit*, *nous lisons*, *vous lisez*, *ils lisent*.

On reconnaît encore qu'un mot est un verbe quand on peut le placer après *ne pas* ou entre *ne* et *pas* ;

Ainsi le mot *parler* est un verbe, parce qu'on peut dire : *Ne pas parler*, et : *ne parlez pas*.

DES MODIFICATIONS DU VERBE.

86. On appelle *modifications* du verbe certains changements de forme ou de terminaison qu'éprouve le verbe.

Ces modifications sont au nombre de quatre, savoir : Le *nombre*, la *personne*, le *mode* et le *temps*.

DU NOMBRE.

87. Le nombre est la forme que prend le verbe pour indiquer qu'il est au *singulier* ou au *pluriel*.

Le verbe est au *singulier* quand il est question d'une seule personne : *Je lis*, *tu lis*, *il lit*.

Le verbe est au *pluriel* quand il est question de plusieurs personnes : *Nous lisons*, *vous lisez*, *ils lisent*.

DE LA PERSONNE.

88. Il y a trois personnes dans les verbes.

Les pronoms *je* , *nous* , marquent la première personne , c'est-à-dire celle qui parle ;

Tu , *vous* marquent la seconde personne , c'est-à-dire celle à qui l'on parle ;

Il , *elle* , *ils* , *elles* , et tout nom placé devant un verbe , marquent la troisième personne , c'est-à-dire celle de qui l'on parle.

DU MODE.

89. On appelle *mode* les différentes manières d'exprimer l'action marquée par le verbe.

90. Il y a cinq modes : L'*indicatif*, le *conditionnel*, l'*impératif*, le *subjonctif* et l'*infinitif*.

91. L'*indicatif* exprime l'action d'une manière affirmative , positive et directe : *Je lis* , *j'ai lu* , *je lirai*.

92. Le *conditionnel* présente l'action sous l'idée d'une condition : *Je lirais* , *si j'en avais le temps*.

93. L'*impératif* exprime l'action avec commandement : *Lisez*.

94. Le *subjonctif* la présente comme subordonnée et dépendante : *Je veux* que vous lisiez.

95. L'*infinitif* l'exprime d'une manière générale , sans désignation de nombre ni de personne : *Parler*, *lire* , *écrire*.

96. *Remarque.* L'infinitif est appelé mode *impersonnel* , parce qu'il n'a pas de personnes ; les quatre autres modes au contraire , indiquant le nombre et la personne , sont appelés pour cette raison mode *personnels*.

DU TEMPS.

97. Le temps est l'époque, le moment de l'action exprimée par le verbe.

98. Il n'y a que trois temps principaux, savoir : Le *présent*, le *passé* et l'*avenir* ou *futur*.

Mais, outre ces trois temps principaux, il y en a d'autres qui peuvent s'y rapporter : ainsi nous avons huit temps pour exprimer ces trois époques, savoir : un pour le *présent*, cinq pour le *passé* et deux pour le *futur*.

SIGNIFICATION DES HUIT TEMPS.

99. Le *présent* exprime que l'action a lieu au moment où l'on parle : *Je lis.*

100. L'*imparfait* exprime que l'action avait lieu en même temps qu'une autre : JE LISAIS *quand vous entrâtes.*

101. Le *passé défini* exprime que l'action a eu lieu dans un temps complètement écoulé : JE LUS *hier.*

102. Le *passé indéfini* exprime que l'action a eu lieu dans un temps passé, complètement écoulé ou non : J'AI LU *hier*, J'AI ÉCRIT *aujourd'hui.*

103. Le *passé antérieur* exprime que l'action a eu lieu avant une autre action qui a suivi immédiatement : *Quand* J'EUS LU *je sortis.*

104. Le *plus-que-parfait* exprime que l'action a eu lieu avant une autre action également passée : J'AVAIS fini *quand il arriva.*

105. Le *futur* exprime simplement que l'action aura lieu : *Je lirai.*

106. Le *futur antérieur* exprime que l'action aura lieu avant une autre action à faire : J'AURAI FINI *quand vous viendrez.*

DES TEMPS SIMPLES ET DES TEMPS COMPOSÉS.

107. Les temps des verbes se divisent en temps *simples* et en temps *composés*.

108. Les temps *simples* sont ceux qui s'expriment par un seul mot, comme *je lis*, *je lirai*.

109. Les temps *composés* sont ceux qui, formés d'un des auxiliaires *avoir* ou *être* et d'un participe passé, s'expriment par plusieurs mots, comme *j'ai lu*, *j'avais lu*.

DE LA CONJUGAISON.

110. Conjuguer un verbe, c'est le réciter ou l'écrire dans toute son étendue.

111. Il y a quatre conjugaisons, que l'on distingue par la terminaison de l'infinitif.

La première conjugaison a l'infinitif terminé en *er*, comme *chanter*;

La deuxième en *ir*, comme *finir*;

La troisième en *oir*, comme *recevoir*;

La quatrième en *re*, comme *rendre*.

DES VERBES AUXILIAIRES.

112. Les verbes que l'on nomme *auxiliaires* sont le verbe *avoir* et le verbe *être*. On les nomme auxiliaires, parce qu'ils aident à conjuguer les autres verbes dans leurs temps composés.

Nous commencerons les conjugaisons par ces deux verbes.

CONJUGAISON DU VERBE AUXILIAIRE *AVOIR*.

INDICATIF.

PRÉSENT.

J'ai.
Tu as.
Il ou elle a.
Nous avons.
Vous avez.
Ils ou elles ont.

IMPARFAIT.

J'avais.
Tu avais.
Il avait.
Nous avions.
Vous aviez.
Ils avaient.

PASSÉ DÉFINI.

J'eus.
Tu eus.
Il eut.
Nous eûmes.
Vous eûtes.
Ils eurent.

PASSÉ INDÉFINI.

J'ai eu.
Tu as eu.
Il a eu.
Nous avons eu.
Vous avez eu.
Ils ont eu.

PASSÉ ANTÉRIEUR.

J'eus eu.
Tu eus eu.
Il eut eu.
Nous eûmes eu.
Vous eûtes eu.
Ils eurent eu.

PLUS-QUE-PARFAIT.

J'avais eu.
Tu avais eu.
Il avait eu.
Nous avions eu.
Vous aviez eu.
Ils avaient eu.

FUTUR.

J'aurai.
Tu auras.
Il aura.
Nous aurons.
Vous aurez.
Ils auront.

FUTUR ANTÉRIEUR.

J'aurai eu.
Tu auras eu.
Il aura eu.
Nous aurons eu.
Vous aurez eu.
Ils auront eu.

CONDITIONNEL.

PRÉSENT.

J'aurais.
Tu aurais.
Il aurait.

Nous aurions.
Vous auriez.
Ils auraient.

PASSÉ.

J'aurais eu.
Tu aurais eu.
Il aurait eu.
Nous aurions eu.
Vous auriez eu.
Ils auraient eu.

On dit aussi : *j'eusse eu, tu eusses eu, il eût eu, nous eussions eu, vous eussiez eu, ils eussent eu.*

IMPÉRATIF.

Point de 1re personne au sing., ni de 3e pour les 2 nombres.

Aie.
Ayons.
Ayez.

SUBJONCTIF.

PRÉSENT OU FUTUR.

Que j'aie.
Que tu aies.
Qu'il ait.
Que nous ayons.
Que vous ayez.
Qu'ils aient.

IMPARFAIT.

Que j'eusse.
Que tu eusses.
Qu'il eût.
Que nous eussions.
Que vous eussiez.
Qu'ils eussent.

PASSÉ.

Que j'aie eu.
Que tu aies eu.
Qu'il ait eu.
Que nous ayons eu.
Que vous ayez eu.
Qu'ils aient eu.

PLUS-QUE-PARFAIT.

Que j'eusse eu.
Que tu eusses eu.
Qu'il eût eu.
Que nous eussions eu.
Que vous eussiez eu.
Qu'ils eussent eu.

INFINITIF.

PRÉSENT.

Avoir.

PASSÉ.

Avoir eu.

PARTICIPE.

PRÉSENT.

Ayant.

PASSÉ.

Eu, eue, ayant eu.

CONJUGAISON DU VERBE AUXILIAIRE *ÊTRE*.

INDICATIF.

PRÉSENT.

Je suis.
Tu es.
Il *ou* elle est.
Nous sommes.
Vous êtes.
Ils sont.

IMPARFAIT.

J'étais.
Tu étais.
Il était.
Nous étions.
Vous étiez.
Ils étaient.

PASSÉ DÉFINI.

Je fus.
Tu fus.
Il fut.
Nous fûmes.
Vous fûtes.
Ils furent.

PASSÉ INDÉFINI.

J'ai été.
Tu as été.
Il a été.
Nous avons été.
Vous avez été.
Ils ont été.

PASSÉ ANTÉRIEUR.

J'eus été.
Tu eus été.
Il eut été.
Nous eûmes été.
Vous eûtes été.
Ils eurent été.

PLUS-QUE-PARFAIT.

J'avais été.
Tu avais été.
Il avait été.
Nous avions été.
Vous aviez été.
Ils avaient été.

FUTUR.

Je serai.
Tu seras.
Il sera.
Nous serons.
Vous serez.
Ils seront.

FUTUR ANTÉRIEUR.

J'aurai été.
Tu auras été.
Il aura été.
Nous aurons été.
Vous aurez été.
Ils auront été.

CONDITIONNEL.

PRÉSENT.

Je serais.
Tu serais.
Il serait.
Nous serions.
Vous seriez.
Ils seraient.

PASSÉ.

J'aurais été.
Tu aurais été.
Il aurait été.
Nous aurions été.
Vous auriez été.
Ils auraient été.

On dit aussi : *j'eusse été, tu eusses été, il eût été, nous eussions été, vous eussiez été, ils eussent été.*

IMPÉRATIF.

Point de 1re personne au sing., ni de 3e pour les 2 nombres.

Sois.
Soyons.
Soyez.

SUBJONCTIF.

PRÉSENT OU FUTUR.

Que je sois.
Que tu sois.
Qu'il soit.
Que nous soyons.
Que vous soyez.
Qu'ils soient

IMPARFAIT.

Que je fusse.
Que tu fusses.
Qu'il fût.
Que nous fussions.
Que vous fussiez.
Qu'ils fussent.

PASSÉ.

Que j'aie été.
Que tu aies été.
Qu'il ait été.
Que nous ayons été.
Que vous ayez été.
Qu'ils aient été.

PLUS-QUE-PARFAIT.

Que j'eusse été.
Que tu eusses été.
Qu'il eût été.
Que nous eussions été.
Que vous eussiez été.
Qu'ils eussent été.

INFINITIF.

PRÉSENT.

Être.

PASSÉ.

Avoir été.

PARTICIPE.

PRÉSENT.

Étant.

PASSÉ.

Été, ayant été.

PREMIÈRE CONJUGAISON EN *ER*.

Verbe *Chanter*.

INDICATIF.

PRÉSENT.

Je chant e.
Tu chant es.
Il chant e.
Nous chant ons.
Vous chant ez.
Ils chant ent.

IMPARFAIT.

Je chant ais.
Tu chant ais.
Il chant ait.
Nous chant ions.
Vous chant iez.
Ils chant aient.

PASSÉ DÉFINI.

Je chant ai.
Tu chant as.
Il chant a.
Nous chant âmes.
Vous chant âtes.
Ils chant èrent.

PASSÉ INDÉFINI.

J'ai chant é.
Tu as chant é.
Il a chant é.
Nous avons chant é.
Vous avez chant é.
Ils ont chant é.

PASSÉ ANTÉRIEUR.

J'eus chant é.
Tu eus chant é.
Il eut chant é.
Nous eûmes chant é.
Vous eûtes chant é.
Ils eurent chant é.

PLUS-QUE-PARFAIT.

J'avais chant é.
Tu avais chant é.
Il avait chant é.
Nous avions chant é.
Vous aviez chant é.
Ils avaient chant é.

FUTUR.

Je chant erai.
Tu chant eras.
Il chant era.
Nous chant erons.
Vous chant erez.
Ils chant eront.

FUTUR ANTÉRIEUR.

J'aurai chant é.
Tu auras chant é.
Il aura chant é.
Nous aurons chant é.
Vous aurez chant é.
Ils auront chant é.

CONDITIONNEL.

PRÉSENT.

Je chant erais.
Tu chant erais.
Il chant erait.
Nous chant erions.
Vous chant eriez.
Ils chant eraient.

PASSÉ.

J'aurais chant é.
Tu aurais chant é.
Il aurait chant é.
Nous aurions chant é.
Vous auriez chant é.
Ils auraient chant é.

On dit aussi : *j'eusse chanté, tu eusses chanté, il eût chanté, nous eussions chanté, vous eussiez chanté, ils eussent chanté.*

IMPÉRATIF.

Point de 1re personne au sing., ni de 3e pour les 2 nombres.

Chant e.
Chant ons.
Chant ez.

SUBJONCTIF.

PRESENT OU FUTUR.

Que je chant e.
Que tu chant es.
Qu'il chant e.
Que nous chant ions.
Que vous chant iez.
Qu'ils chant ent.

IMPARFAIT.

Que je chant asse.
Que tu chant asses.
Qu'il chant ât.
Que nous chant assions.
Que vous chant assiez.
Qu'ils chant assent.

PASSÉ.

Que j'aie chant é.
Que tu aies chant é.
Qu'il ait chant é.
Que nous ayons chant é.
Que vous ayez chant é.
Qu'ils aient chant é.

PLUS-QUE-PARFAIT.

Que j'eusse chant é.
Que tu eusses chant é.
Qu'il eût chant é.
Que nous eussions chant é.
Que vous eussiez chant é.
Qu'ils eussent chant é.

INFINITIF.

PRÉSENT.

Chant er.

PASSÉ.

Avoir chant é.

PARTICIPE.

PRÉSENT.

Chant ant.

PASSÉ.

Chant é, chant ée, ayant chant é.

Ainsi se conjuguent les verbes *aimer*, *douter*, *trouver*, *adorer*, *diviser*, *donner*, *estimer*, *chercher*, *gagner*, *brûler*, *etc.*

REMARQUES.

113. 1° Les verbes terminés en *cer* prennent une cédille sous le *c* devant *a*, *o* : *il commença*, *nous commençons*.

114. 2° Les verbes en *ger* prennent un *e* muet après le *g* devant *a*, *o* : *il mangea*, *nous mangeons*.

115. 3° Les verbes en *eler*, *eter* prennent deux *l* ou deux *t* entre deux *e* muets : APPELER, *j'appelle*, *j'appellerai*; JETER, *je jette*, *je jetterai*. Mais on écrira avec un seul *l* ou un seul *t* : *nous appelons*, *vous jetez*, parce que ces lettres *l*, *t* ne sont pas suivies d'un *e* muet.

116. 4° Les autres verbes en *er* qui ont un *e* fermé ou un *e* muet à l'avant-dernière syllabe de l'infinitif, changent cet *e*, soit fermé, soit muet, en *è* ouvert, lorsque la syllabe suivante est muette. (On entend par syllabe muette celle qui est formée par un *e* muet) : ESPÉRER, *j'espère*, *j'espèrerai*; SEMER, *je sème*, *je sèmerai*.

On excepte de cette régle les verbes en *éger* et en *éer*, qui conservent l'*é* fermé dans toute la conjugaison : PROTÉGER, *je protége*, *créer*, *je crée*.

117. Les verbes en *ier* prennent un *i* aux deux premières personnes plurielles de l'imparfait et du présent du subjonctif : PRIER, *nous priions*, *vous priiez*, *que nous priions*, *que vous priiez*.

Ceux dont le participe présent est en *yant*, comme *balayant*, prennent un *i* après l'*y* aux mêmes personnes : *nous balayions*, *vous balayiez*, *etc.*

De plus, ces verbes changent l'*y* en *i* devant un *e* muet : *je paie*, *tu paieras*, *ils paieront*.

SECONDE CONJUGAISON EN *IR*.

Verbe *Finir*.

INDICATIF.

PRÉSENT.

Je fin is.
Tu fin is.
Il fin it.
Nous fin issons.
Vous fin issez.
Ils fin issent.

IMPARFAIT.

Je fin issais.
Tu fin issais.
Il fin issait.
Nous fin issions.
Vous fin issiez.
Ils fin issaient.

PASSÉ DÉFINI.

Je fin is.
Tu fin is.
Il fin it.
Nous fin îmes.
Vous fin îtes.
Ils fin irent.

PASSÉ INDÉFINI.

J'ai fin i.
Tu as fin i.
Il a fin i.
Nous avons fin i.
Vous avez fin i.
Ils ont fin i.

PASSÉ ANTÉRIEUR.

J'eus fin i.
Tu eus fin i.
Il eut fin i.
Nous eûmes fin i.
Vous eûtes fin i.
Ils eurent fin i.

PLUS-QUE-PARFAIT.

J'avais fin i.
Tu avais fin i.
Il avait fin i.
Nous avions fin i.
Vous aviez fin i.
Ils avaient fin i.

FUTUR.

Je fin irai.
Tu fin iras.
Il fin ira.
Nous fin irons.
Vous fin irez.
Ils fin iront.

FUTUR ANTÉRIEUR.

J'aurai fin i.
Tu auras fin i.
Il aura fin i.
Nous aurons fin i.
Vous aurez fin i.
Ils auront fin i.

CONDITIONNEL.

PRÉSENT.

Je fin irais.
Tu fin irais.
Il fin irait.
Nous fin irions.
Vous fin iriez.
Ils fin iraient.

PASSÉ.

J'aurais fin i.
Tu aurais fin i.
Il aurait fin i.
Nous aurions fin i.
Vous auriez fin i.
Ils auraient fin i.

On dit aussi : *j'eusse fini, tu eusses fini, il eût fini, nous eussions fini, vous eussiez fini, ils eussent fini.*

IMPÉRATIF.

Point de 1re personne au sing., ni de 3e pour les 2 nombres.

Fin is.
Fin issons.
Fin issez.

SUBJONCTIF.

PRÉSENT OU FUTUR.

Que je fin isse.
Que tu fin isses.
Qu'il fin isse.
Que nous fin issions.
Que vous fin issiez.
Qu'ils fin issent.

IMPARFAIT.

Que je fin isse.
Que tu fin isses.
Qu'il fin ît.
Que nous fin issions.
Que vous fin issiez.
Qu'ils fin issent.

PASSÉ.

Que j'aie fin i.
Que tu aies fin i.
Qu'il ait fin i.
Que nous ayons fin i.
Que vous ayez fin i.
Qu'ils aient fin i.

PLUS-QUE-PARFAIT.

Que j'eusse fin i.
Que tu eusses fin i.
Qu'il eût fin i.
Que nous eussions fin i.
Que vous eussiez fin i.
Qu'ils eussent fin i.

INFINITIF.

PRÉSENT.

Fin ir.

PASSÉ.

Avoir fin i.

PARTICIPE.

PRÉSENT.

Fin issant.

PASSÉ.

Fin i, fin ie, ayant fin i.

Ainsi se conjuguent : *Avertir*, *guérir*, *ensevelir*, *unir*, *languir*, *punir*, *saisir*, *obéir*, *enrichir*, etc.

REMARQUES.

118. Le verbe *bénir* a deux participes passés : *bénit*, *bénite*, et *béni*, *bénie* :

Béni, *bénite*, ne se dit que des choses consacrées par les prières de l'Eglise : *pain bénit*, *eau bénite*.

Béni, *bénie*, a toutes les autres significations : *peuple béni*, *nation bénie*.

119. *Haïr* prend deux points sur l'*i* dans toute la conjugaison, excepté au singulier du présent de l'indicatif et de l'impératif : *je hais*, *tu hais*, *il hait* ; *hais*.

120. *Fleurir*, employé au figuré, c'est-à-dire dans le sens de prospérité, fait *florissant* au participe présent, et *florissait* à l'imparfait de l'indicatif : *Les sciences florissaient sous Auguste*.

TROISIÈME CONJUGAISON EN *OIR*.

Verbe *Recevoir*.

INDICATIF.

PRÉSENT.

Je reç ois.
Tu reç ois.
Il reç oit.
Nous rec evons.
Vous rec evez.
Ils reç oivent.

IMPARFAIT.

Je rec evais.
Tu rec evais.
Il rec evait.
Nous rec evions.
Vous rec eviez.
Ils rec evaient.

PASSÉ DÉFINI.

Je reç us.
Tu reç us.
Il reç ut.
Nous reç ûmes.
Vous reç ûtes.
Ils reç urent.

PASSÉ INDÉFINI.

J'ai reç u.
Tu as reç u.
Il a reç u.
Nous avons reç u.
Vous avez reç u.
Ils ont reç u.

PASSÉ ANTÉRIEUR.

J'eus reç u.
Tu eus reç u.
Il eut reç u.
Nous eûmes reç u.
Vous eûtes reç u.
Ils eurent reç u.

PLUS-QUE-PARFAIT.

J'avais reç u.
Tu avais reç u.
Il avait reç u.
Nous avions reç u.
Vous aviez reç u.
Ils avaient reç u.

FUTUR.

Je rec evrai.
Tu rec evras.
Il rec evra.
Nous rec evrons.
Vous rec evrez.
Ils rec evront.

FUTUR ANTÉRIEUR.

J'aurai reç u.
Tu auras reç u.
Il aura reç u.
Nous aurons reç u.
Vous aurez reç u.
Ils auront reç u.

CONDITIONNEL.

PRÉSENT.

Je rec evrais.
Tu rec evrais.
Il rec evrait.
Nous rec evrions.
Vous rec evriez.
Ils rec evraient.

PASSÉ.

J'aurais reç u.
Tu aurais reç u.
Il aurait reç u.
Nous aurions reç u.
Vous auriez reç u.
Ils auraient reç u.

On dit aussi : *j'eusse reçu, tu eusses reçu, il eût reçu, nous eussions reçu, vous eussiez reçu, ils eussent reçu.*

IMPÉRATIF.

Point de 1re personne au sing. ni de 3e pour les 2 nombres.

Reç ois.
Rec evons.
Rec evez.

SUBJONCTIF.

PRÉSENT OU FUTUR.

Que je reç oive.
Que tu reç oives.
Qu'il reç oive.
Que nous rec evions.
Que vous rec eviez.
Qu'ils reç oivent.

IMPARFAIT.

Que je reç usse.
Que tu reç usses.
Qu'il reç ût.
Que nous reç ussions.
Que vous reç ussiez.
Qu'ils reç ussent.

PASSÉ.

Que j'aie reç u.
Que tu aies reç u.
Qu'il ait reç u.
Que nous ayons reç u.
Que vous ayez reç u.
Qu'ils aient reç u.

PLUS-QUE-PARFAIT.

Que j'eusse reç u.
Que tu eusses reç u.
Qu'il eût reç u.
Que nous eussions reç u.
Que vous eussiez reç u.
Qu'il eussent reç u.

INFINITIF.

PRÉSENT.

Rec evoir.

PASSÉ.

Avoir reç u.

PARTICIPE.

PRÉSENT.

Rec evant.

PASSÉ.

Reç u, reç ue, ayant reç u.

Ainsi se conjuguent : *Apercevoir*, *concevoir*, *percevoir*, *devoir*, *redevoir*.

REMARQUES.

121. Parmi les verbes de la troisième conjugaison, il n'y a que ceux qui sont terminés en *evoir* qui se conjuguent sur *recevoir*. Tous les autres verbes en *oir*, comme *voir*, *mouvoir*, *savoir*, etc., se conjuguent irrégulièrement, ainsi qu'il sera indiqué, p. 51.

122. *Devoir* et *redevoir* prennent un accent circonflexe au participe passé masculin : *dû*, *redû*.

QUATRIÈME CONJUGAISON EN *RE*.

Verbe *Rendre*.

INDICATIF.

PRÉSENT.

Je rend s.
Tu rend s.
Il rend.
Nous rend ons.
Vous rend ez.
Ils rend ent.

IMPARFAIT.

Je rend ais.
Tu rend ais.
Il rend ait.
Nous rend ions.
Vous rend iez.
Ils rend aient.

PASSÉ DÉFINI.

Je rend is.
Tu rend is.
Il rend it.
Nous rend îmes.
Vous rend îtes.
Ils rend irent.

PASSÉ INDÉFINI.

J'ai rend u.
Tu as rend u.
Il a rend u.
Nous avons rend u.
Vous avez rend u.
Ils ont rend u.

PASSÉ ANTÉRIEUR.

J'eus rend u.
Tu eus rend u.
Il eut rend u.
Nous eûmes rend u.
Vous eûtes rend u.
Ils eurent rend u.

PLUS-QUE-PARFAIT.

J'avais rend u.
Tu avais rend u.
Il avait rend u.
Nous avions rend u.
Vous aviez rend u.
Ils avaient rend u.

FUTUR.

Je rend rai.
Tu rend ras.
Il rend ra.
Nous rend rons.
Vous rend rez.
Ils rend ront.

FUTUR ANTÉRIEUR.

J'aurai rend u.
Tu auras rend u.
Il aura rend u.
Nous aurons rend u.
Vous aurez rend u.
Ils auront rend u.

CONDITIONNEL.

PRÉSENT.

Je rend rais.
Tu rend rais.
Il rend rait.
Nous rend rions.
Vous rend riez.
Ils rend raient.

PASSÉ.

J'aurais rend u.
Tu aurais rend u.
Il aurait rend u.
Nous aurions rend u.
Vous auriez rend u.
Ils auraient rend u.

On dit aussi : *j'eusse rendu*, *tu eusses rendu*, *il eût rendu*, *nous eussions rendu*, *vous eussiez rendu*, *ils eussent rendu*.

IMPÉRATIF.

Point de 1re personne au sing. ni de 3e pour les 2 nombres.

Rend s.
Rend ons.
Rend ez.

SUBJONCTIF.

PRESENT OU FUTUR.

Que je rend e.
Que tu rend es.
Qu'il rend e.
Que nous rend ions.
Que vous rend iez.
Qu'ils rend ent.

IMPARFAIT.

Que je rend issent.
Que tu rend isses.
Qu'il rend isse.
Que nous rend issions.
Que vous rend issiez.
Qu'ils rend issent.

PASSÉ.

Que j'aie rend u.
Que tu aies rend u.
Qu'il ait rend u.
Que nous ayons rend u.
Que vous ayez rend u.
Qu'ils aient rend u.

PLUS QUE-PARFAIT.

Que j'eusse rend u.
Que tu eusses rend u.
Qu'il eût rend u.
Que nous eussions rend u.
Que vous eussiez rend u.
Qu'ils eussent rend u.

INFINITIF.

PRÉSENT.

Rend re.

PASSÉ.

Avoir rend u.

PARTICIPE.

PRÉSENT.

Rend ant.

PASSÉ.

Rend u, rend ue, ayant rend u.

Ainsi se conjuguent : *Attendre*, *entendre*, *vendre*, *fendre*, *défendre*, *répandre*, *confondre*, *répondre*, *coudre*, etc.

REMARQUES.

125. Les verbes en *indre* et en *soudre* perdent le *d* au présent de l'indicatif, et se terminent par *s*, *s*, *t* : PEINDRE, *je peins*, *tu peins*, *il peint* ; RÉSOUDRE, *je résous*, *tu résous*, *il résout*.

DU SUJET.

124. On appelle *sujet* la personne ou la chose qui est ou qui fait ce que le verbe exprime.

125. On trouve le sujet en plaçant devant le verbe la question *qui est-ce qui?* pour les personnes, et *qu'est-ce qui?* pour les choses.

Ex. : *Je lis*, qui est-ce qui lit? *Rép.*, *je* ou *moi* : *je* est donc le sujet de *lis*.

ACCORD DU VERBE AVEC SON SUJET.

126. Tout verbe s'accorde en nombre et en personne avec son sujet :

Ex. TU PARLES; *parles* est au singulier et à la seconde personne, parce que *tu*, son sujet, est du singulier et de la seconde personne.

NOUS PARLONS; *parlons* est à la première personne du pluriel, parce que *nous*, son sujet, est de la première personne du pluriel.

127. Quand un verbe a plusieurs sujets du singulier, on met ce verbe au pluriel.

Ex. : *Mon frère et ma sœur lisent.*

128. Si les sujets sont de différentes personnes, on met le verbe au pluriel et à la personne qui a la priorité. La première personne à la priorité sur la seconde, et la seconde sur la troisième.

Ex. : *Vous et moi nous partirons ; vous, mon frère et moi, nous ferons ce voyage.*

129. *Remarque.* La politesse française veut qu'on nomme d'abord la personne à qui l'on parle, et qu'on se nomme le dernier, comme à l'exemple précédent.

DU COMPLÉMENT OU RÉGIME.

130. On appelle *complément* tout mot qui complète ou achève le sens commencé par un autre mot.

Le nom de *régime* est également donné à ce mot, parce qu'il est régi par le verbe.

Par exemple quand je dis : *J'aime Dieu*, le mot *Dieu* complète le sens commencé par *j'aime ;* c'est un complément.

131. Il y a deux sortes de compléments, le complément *direct* et le complément *indirect.*

DU COMPLÉMENT DIRECT.

132. Le complément *direct* est celui qui complète le sens du verbe directement, c'est-à-dire sans le secours d'aucun autre mot.

133. Un moyen mécanique de trouver le complément direct d'un verbe, c'est de mettre *qui*? ou *quoi*? après ce verbe.

Ex. : *J'aime Dieu, vous étudiez la Grammaire.* J'aime *qui*? rép. *Dieu ;* vous étudiez *quoi*? rép. *la Grammaire. Dieu* est le complément direct de *j'aime*, et *la Grammaire*, celui de *vous étudiez.*

DU COMPLÉMENT INDIRECT.

134. Le complément *indirect* est celui sur lequel l'action du verbe ne tombe qu'indirectement : ce complément est ordinairement précédé de l'une des prépositions *à*, *de.*

Il répond à l'une de ces questions faites avec le verbe : *à qui ? à quoi ? de qui ? de quoi ?*

Ex. : *J'obéis à Dieu, nous parlons de vous.* J'obéis *à qui*? rép. *à Dieu ;* nous parlons *de qui* ? rép. *de vous. Dieu, vous*, sont donc les compléments indirects des verbes *j'obéis*, *nous parlons.*

135. *Remarque.* Le verbe n'est pas seul susceptible de complément : le *nom*, l'*adjectif*, le *pronom*, le *participe*, la *préposition* et quelques adverbes peuvent aussi en avoir.

Exemples pour les compléments :

Du nom : *Le fruit de l'*ARBRE

De l'adjectif : *Utile à l'*HOMME.

Le pronom : *La crainte de Dieu, celle des* HOMMES.

Le participe : *Aimant l'*ÉTUDE.

La préposition : *Pendant la* GUERRE.

L'adverbe : *Postérieurement au* DÉLUGE.

DES DIFFÉRENTES SORTES DE VERBES.

136. A proprement parler, il n'y a qu'un seul verbe, qui est le verbe *être*. Tous les autres verbes, comme *aimer*, *lire*, *dormir*, etc., ne sont véritablement des verbes que parce qu'ils renferment en eux l'idée du verbe *être*. En effet, *aimer*, c'est *être aimant*, *lire*, c'est *être lisant*, etc.

DU VERBE SUBSTANTIF.

137. Quand le verbe *être* s'offre sous sa forme simple, c'est-à-dire lorsqu'il n'est point auxiliaire, il prend le nom de *verbe substantif*, parce qu'alors il subsiste par lui-même :

Votre frère EST *ici ; ces hommes ne* SONT *plus.*

DES VERBES ADJECTIFS OU ATTRIBUTIFS.

138. Quand le verbe *être* se présente sous une forme composée, c'est-à-dire quand il est combiné avec un qualificatif, exprimant une action ou un état, on le nomme *verbe adjectif* ou *attributif ;*

Comme *j'aime*, *je lis*, qui sont pour *je suis aimant*, *je suis lisant.*

139. Il y a cinq sortes de verbes adjectifs : Le verbe *actif*, le verbe *passif*, le verbe *neutre*, le verbe *réfléchi* et le verbe *unipersonnel*.

DU VERBE ACTIF.

140. Le verbe *actif* est celui qui exprime une action faite par le sujet, et qui peut avoir un complément direct.

Parce que ce verbe transmet à un complément direct l'action faite par le sujet, on le nomme aussi verbe *transitif.*

Ex. : *Je reçois une lettre*, *Paul récite une fable.*

141. On reconnaît qu'un verbe est actif, quand on peut placer après lui *quelqu'un* ou *quelque chose.*

Ainsi, *aimer*, *chanter*, sont des verbes actifs, parce qu'on peut dire *aimer quelqu'un*, *chanter quelque chose.*

142. Tous les verbes actifs se conjuguent avec l'auxiliaire *avoir*, sur l'une des quatre conjugaisons modèles, page 28 et suivantes.

DU VERBE PASSIF.

143. Le verbe *passif* est celui qui exprime une action reçue ou soufferte par le sujet : *Je suis aimé.*

Il est le contraire du verbe actif, dont il se forme en prenant le régime pour en faire son sujet et réciproquement.

Par exemple si l'on a : *Le soleil éclaire* LA TERRE, en tournant par le passif le verbe actif qui est dans cette phrase, on aura : *La terre* EST ÉCLAIRÉE *par le soleil.*

144. Le verbe passif se compose de l'auxiliaire *être* dans tous ses temps, et du participe passé du verbe actif que l'on veut conjuguer passivement.

Ainsi, il n'y a qu'une seule conjugaison pour tous les verbes passifs.

CONJUGAISON DU VERBE PASSIF

Être aimé.

INDICATIF.

PRÉSENT.

Je suis aimé *ou* aimée.
Tu es aimé *ou* aimée.
Il est aimé *ou* elle est aimée.
Nous sommes aimés *ou* aimées.
Vous êtes aimés *ou* aimées.
Ils sont aimés *ou* elles sont aimées.

IMPARFAIT.

J'étais aimé *ou* aimée, etc.

PASSÉ DÉFINI.

Je fus aimé *ou* aimée, etc.

PASSÉ INDÉFINI.

J'ai été aimé *ou* aimée, etc.

PASSÉ ANTÉRIEUR.

J'eus été aimé *ou* aimée, etc.

PLUS-QUE-PARFAIT.

J'avais été aimé *ou* aimée, etc.

FUTUR.

Je serai aimé *ou* aimée, etc.

FUTUR ANTÉRIEUR.

J'aurai été aimé *ou* aimée, etc.

CONDITIONNEL.

PRÉSENT.

Je serais aimé *ou* aimée, etc.

PASSÉ.

J'aurais été aimé *ou* aimée, etc.
On dit aussi : *j'eusse été aimé* ou *aimée, etc.*

IMPÉRATIF.

Sois aimé *ou* aimée, etc.

SUBJONCTIF.

PRÉSENT OU FUTUR.

Que je sois aimé *ou* aimée, etc.

IMPARFAIT.

Que je fusse aimé *ou* aimée, etc.

PASSÉ.

Que j'aie été aimé *ou* aimée, etc.

PLUS-QUE-PARFAIT.

Que j'eusse été aimé *ou* aimée, etc.

INFINITIF.

PRÉSENT.

Etre aimé *ou* aimée.

PASSÉ.

Avoir été aimé *ou* aimée.

PARTICIPE.

PRÉSENT.

Etant aimé *ou* aimée.

PASSÉ.

Aimé, aimée, ayant été aimé *ou* aimée.

Ainsi se conjuguent *être fini*, *être reçu*, *être rendu*, etc.

DU VERBE NEUTRE.

145. Le verbe *neutre* exprime, comme le verbe actif, une action faite par le sujet ; mais il en diffère en ce qu'il ne peut avoir de complément direct : *Je voyage*, *je pars*.

Parce que ce verbe ne transmet point à un complément direct l'action faite par le sujet, on le nomme aussi, pour cette raison, verbe *intransitif*.

146. On reconnaît qu'un verbe est neutre quand on ne peut pas mettre immédiatement après lui *quelqu'un* ni *quelque chose*.

Ainsi, *voyager*, *languir* sont des verbes neutres, parce qu'on ne peut pas dire *voyager quelqu'un*, *languir quelque chose*.

147. La plupart des verbes neutres se conjuguent avec *avoir*, comme les verbes des quatre conjugaisons modèles.

Ceux qui prennent l'auxiliaire *être*, se conjuguent comme le verbe suivant :

CONJUGAISON DU VERBE NEUTRE

Partir.

INDICATIF.

PRESENT.	IMPARFAIT.
Je pars.	Je partais.
Tu pars.	Tu partais.
Il *ou* elle part.	Il *ou* elle partait.
Nous partons.	Nous partions.
Vous partez.	Vous partiez.
Ils *ou* elles partent.	Ils *ou* elles partaient.

PASSÉ DÉFINI.

Je partis.
Tu partis.
Il *ou* elle partit.
Nous partîmes.
Vous partîtes.
Ils *ou* elles partirent.

PASSÉ INDÉFINI.

Je suis Tu es Il *ou* elle est	parti *ou* partie.
Nous sommes Vous êtes Ils ou elles sont	partis *ou* parties.

PASSÉ ANTÉRIEUR.

Je fus Tu fus Il *ou* elle fut	parti *ou* partie.
Nous fûmes Vous fûtes Ils *ou* elles furent	partis *ou* parties.

PLUS-QUE-PARFAIT.

J'étais Tu étais Il *ou* elle était	parti *ou* partie
Nous étions Vous étiez Ils *ou* elles étaient	partis *ou* parties.

FUTUR

Je partirai.
Tu partiras.
Il *ou* elle partira.
Nous partirons.
Vous partirez.
Ils *ou* elles partiront.

FUTUR ANTÉRIEUR.

Je serai Tu seras Il *ou* elle sera	parti *ou* partie.
Nous serons Vous serez Ils *ou* elles seront	partis *ou* parties.

CONDITIONNEL.

PRÉSENT.

Je partirais.
Tu partirais.
Il *ou* elle partirait.
Nous partirions.
Vous partiriez.
Ils *ou* elles partiraient

PASSÉ.

Je serais Tu serais Il *ou* elle serait	parti *ou* partie.
Nous serions Vous seriez Ils *ou* elles seraient	partis *ou* parties.

On dit aussi :

Je fusse *Tu fusses* *Il* ou *elle fût*	*parti* ou *partie.*
Nous fussions *Vous fussiez* *Ils* ou *elles fussent*	*partis* ou *parties.*

IMPÉRATIF.

Point de 1re personne au sing. ni de 3e personne pour les 2 nombres

Pars.
Partons.
Partez.

SUBJONCTIF.

PRÉSENT OU FUTUR.

Que je parte.
Que tu partes.
Qu'il *ou* qu'elle parte.
Que nous partions.
Que vous partiez.
Qu'ils *ou* qu'elles partent.

IMPARFAIT.

Que je partisse.
Que tu partisses.
Qu'il *ou* qu'elle partît.
Que nous partissions.
Que vous partissiez.
Qu'ils *ou* qu'elles partissent.

PASSÉ.

Que je sois | parti
Que tu sois | *ou*
Qu'il *ou* qu'elle soit | partie.
Que nous soyons | partis
Que vous soyez | *ou*
Qu'ils *ou* qu'elles soient | parties.

PLUS-QUE-PARFAIT.

Que je fusse | parti
Que tu fusses | *ou*
Qu'il *ou* qu'elle fût | partie.
Que nous fussions | partis
Que vous fussiez | *ou*
Qu'ils *ou* qu'elles fussent. | parties.

INFINITIF.

PRÉSENT.

Partir.

PASSÉ.

Etre parti *ou* partie.

PARTICIPE.

PRÉSENT.

Partant.

PASSÉ.

Parti, partie, étant parti *ou* étant partie.

DU VERBE RÉFLÉCHI.

148. Le verbe *réfléchi* est celui dont le sujet et le régime sont la même personne.

Ce verbe est aussi appelé *pronominal*, parce qu'il se conjugue avec deux pronoms de la même personne.

Je me souviens, *tu te souviens*, etc.

149. Il y a des verbes *essentiellement réfléchis*, et des verbes *accidentellement réfléchis*.

150. Les verbes *essentiellement réfléchis* sont ceux qui ne peuvent se conjuguer autrement qu'avec

deux pronoms de la même personne, comme *je me repens*, *tu te souviens*; on ne dit pas : *Je repens*, *tu souviens*.

151. *Remarque*. Tous les verbes *essentiellement réfléchis*, à l'exception de *s'arroger*, ont pour complément direct leur second pronom.

152. Les verbes *accidentellement réfléchis* sont ceux qui, étant conjugués avec deux pronoms de la même personne, pourraient se conjuguer avec un seul, comme *je me flatte*, *il se loue*; on peut dire : *Je flatte*, *il loue*.

153. *Remarque*. Les verbes *accidentellement réfléchis* ne sont rien autre chose que des verbes actifs, des verbes passifs, des verbes neutres, ou des verbes unipersonnels conjugués avec deux pronoms de la même personne.

154. Par euphonie, les verbes réfléchis se conjuguent avec *être* mis pour *avoir*.

Ainsi, au lieu de dire : *Je m'ai souvenu*, *tu t'as souvenu*, etc., ce qui serait trop dur pour l'oreille, on dit : *je me suis souvenu*, *tu t'es souvenu*, etc.

CONJUGAISON DU VERBE RÉFLÉCHI

Se Repentir.

INDICATIF

PRÉSENT.

Je me repens.
Tu te repens.
Il *ou* elle se repent.
Nous nous repentons.
Vous vous repentez.
Ils *ou* elles se repentent.

IMPARFAIT.

Je me repentais, etc.

PASSÉ DÉFINI.

Je me repentis, etc.

PASSÉ INDÉFINI.

Je me suis repenti *ou* repentie, etc.

PASSÉ ANTÉRIEUR.

Je me fus repenti *ou* repentie, etc.

PLUS-QUE-PARFAIT.

Je m'étais repenti *ou* repentie, etc.

FUTUR.

Je me repentirai, etc.

FUTUR ANTÉRIEUR.

Je me serai repenti *ou* repentie, etc.

CONDITIONNEL.

PRÉSENT.

Je me repentirais, etc.

PASSÉ.

Je me serais repenti *ou* repentie, etc.

On dit aussi : *Je me fusse repenti* ou *repentie*, etc.

IMPÉRATIF.

Repens-toi.
Repentons-nous.
Repentez-vous.

SUBJONCTIF.

PRÉSENT OU FUTUR.

Que je me repente, etc.

IMPARFAIT.

Que je me repentisse, etc.

PASSÉ.

Que je me sois repenti *ou* repentie, etc.

PLUS QUE-PARFAIT.

Que je me fusse repenti *ou* repentie, etc.

INFINITIF.

PRÉSENT.

Se repentir.

PASSÉ.

S'être repenti *ou* repentie.

PARTICIPE.

PRÉSENT.

Se repentant.

PASSÉ.

Repenti, repentie, s'étant repenti, *ou* repentie.

DU VERBE UNIPERSONNEL.

155. Le verbe *unipersonnel*, qu'on appelle aussi *impersonnel*, est celui qui ne s'emploie, dans tous les temps, qu'à la troisième personne du singulier : *Il pleut*, *il neige.*

156. Le verbe *être*, et plusieurs verbes attributifs, peuvent devenir accidentellement unipersonnels ; c'est lorsqu'ils ont pour sujet apparent le pronom *il*, sans qu'on puisse le remplacer par un nom. Ex. *Il est arrivé de grands malheurs.*

CONJUGAISON DU VERBE UNIPERSONNEL

Neiger.

INDICATIF.

PRÉSENT.

Il neige.

IMPARFAIT.

Il neigeait.

PASSÉ DÉFINI.

Il neigea.

PASSÉ INDÉFINI.

Il a neigé.

PASSÉ ANTÉRIEUR.

Il eut neigé.

PLUS-QUE-PARFAIT.

Il avait neigé.

FUTUR.

Il neigera.

FUTUR ANTÉRIEUR.

Il aura neigé.

CONDITIONNEL.

PRÉSENT.

Il neigerait.

PASSÉ.

Il aurait neigé.

On dit aussi :

Il eût neigé.

SUBJONCTIF.

PRÉSENT.

Qu'il neige.

IMPARFAIT.

Qu'il neigeât.

PASSÉ.

Qu'il ait neigé.

PLUS QUE-PARFAIT.

Qu'il eût neigé.

INFINITIF.

PRÉSENT.

Neiger.

PARTICIPE.

PRÉSENT.

Neigeant.

PASSÉ.

Ayant neigé.

DE LA CONJUGAISON DES VERBES EN GÉNÉRAL.

RADICAL ET TERMINAISON.

157. Les verbes, pour la plupart, sont composés de deux parties, qui sont le *radical* et la *terminaison*.

158. On appelle *radical* ou *racine* d'un verbe, la

partie première de ce mot, qui reste toujours invariable.

159. On appelle *terminaison* ou *finale* d'un verbe, l'autre partie de ce mot, laquelle est susceptible de varier, selon le nombre, la personne, le mode et le temps.

160. On obtient généralement le radical d'un verbe, en ôtant de l'indicatif sa terminaison *er*, *ir*, *oir* ou *evoir*, *re*.

Ainsi, le radical des verbes *chanter*, *finir*, *recevoir*, *rendre*, est *chant*, *fin*, *rec*, *rend*.

Comme ci-dessous :

1. Chant *er*.
2. Fin *ir*.
3. Rec *evoir*.
4. Rend *re*.

161. Or, pour conjuguer tout verbe (régulier), il suffit d'ajouter à son radical les terminaisons de la conjugaison à laquelle il appartient.

Ainsi, on conjuguera le verbe *aimer*, en ajoutant au radical *aim* les terminaisons du verbe *chanter*.

162. Les verbes qui ne suivent pas cette règle générale de conjugaison sont appelés *irréguliers*, et ceux qui manquent de certains temps que l'usage a rejetés, se nomment verbes *défectifs*.

VERBES IRRÉGULIERS.

NOTA. Les personnes formées régulièrement sont en caractères italiques.

PREMIÈRE CONJUGAISON.

1 ALLER. — *Ind. p.* Je vais, tu vas, il va, *n. allons*, *v. allez*, ils vont. — *Fut.* J'irai. — *Cond.* J'irais. — *Imp.* Va, *allons*, *allez*. — *Subj. p.* que j'aille, q. t. ailles, qu'il aille, *q. n. allions*, *q. v. alliez*, qu'ils aillent.

S'en aller, se conjugue de même ; dites : *je m'en suis allé*, etc., et non : *je me suis en allé*.

2. ENVOYER. — *Fut.* J'enverrai. — *Cond.* J'enverrais.

DEUXIÈME CONJUGAISON.

1. ACQUÉRIR. — *Ind. p.* J'acquiers, tu acquiers, il acquiert, *n. acquérons*, *v. acquérez*, ils acquièrent. — *Fut.* J'acquerrai... — *Subj. p.* Que j'acquière, q. tu acquières, qu'il acquière, *q. n. acquérions*, *q. v. acquériez*, qu'ils acquièrent.

2. BOUILLIR. — *Ind. p.* Je bous... *n. bouillons*... — *Fut. Je bouillirai*... — *Impér.* bous... — *Subj. p.* que je bouille... — *Imp.* que je bouillisse...

3. COURIR. — *Fut.* je courrai... — *Cond.* Je courrais...

4. CUEILLIR. — *Fut.* Je cueillerai... — *Cond.* Je cueillerais...

5. FAILLIR. — *Ind. p.* Je faux, tu faux, il faut... — *Pass. déf.* Je faillis .. — *Fut.* Je faillirai... — *Cond.* Je faillirais...

6. FUIR. — *Ind. p.* Je fuis... — *Imp.* Je fuyais.. nous fuyions... — *Pass. déf.* Je fuis... *n.* fuîmes... — *Sub. p.* que je fuie... — *Imp.* q. je fuisse .. q. nous fuissions... S'ENFUIR se conjugue de même.

7. GÉSIR. — Ce verbe n'est usité qu'au présent : *il gît, ci-gît, n. gisons, v. gisez, ils gisent.* — A l'imparfait, *je gisais*, et au part. prés. *gisant.* On prononce et quelques-uns écrivent *gissant, n. gissons*, etc.

8. MOURIR. — *Ind. p.* Je meurs, tu meurs, il meurt, *n. mourons*, *v. mourez*, ils meurent. — *Fut.* Je mourrai...

9. VENIR. — *Ind. p.* Je viens... *n. venons*... ils viennent... — *Fut.* Je viendrai...

TROISIÈME CONJUGAISON.

1. S'ASSEOIR. — *Ind. p.* Je m'assieds, tu t'assieds, il s'assied, *n. n. asseyons*, *v. v. asseyez*, *ils s'asseyent.*

— *Fut.* Je m'assiérai...— *Subj. p.* que je *m'asseye*... — *Imp.* q. je m'assisse...

2. Déchoir —*Ind. p.* Je déchois... n. déchoyons, vous déchoyez, ils déchoient.—*Imparf.* Je déchéais... n. déchéions...—*Fut* Je décherrai...—*Subj. p.* q. je déchoie... q. n. déchayons... q. déchoient. —*Imp.* q. je déchusse...

3. Falloir. (Unipersonnel). — Il faut. — Il fallait. — Il faudra. — Il faudrait. — Q. je faille.

4. Mouvoir. — Je meus, tu meus, il meut, n. *mouvons*, v. *mouvez*, ils meuvent.—*Imp.* Je mouvais... — *Cond.* Je mouvrais.—*Subj. p.* Que je meuve, q. tu meuves, q. meuve, q. n. *mouvions*, q. v. *mouviez*, q. meuvent.

5. Pouvoir. — *Prés.* Je peux *ou* je puis, tu peux, il peut, n. *pouvons*, v. *pouvez*, ils peuvent — *Fut.* Je pourrai... — *Subj.* q. je puisse...

6. Savoir.— Je sais.., n. savons...— Je savais... — Je saurai... — Je saurais... — Sache, sachons, sachez. — Q. je sache...

7. Seoir, signifiant *être convenable*, ne s'emploie qu'aux temps suivants : — *Prés.* Il sied, ils siéent. — *Imp.* Il seyait. — *Fut.* Il siéra. — *Cond.* Il siérait. — *Subj. p.* Qu'il siée. —*Part p.* Seyant.

8. Valoir .. — *Ind. p.* Je vaux... — *Fut.* Je vaudrai.. — *Subj. p.* q. je vaille..—*Imp.* q. je valusse..

9. Voir.— *Prés.* Je vois... n. voyons... ils voient. — *Fut.* Je verrai...

10. Vouloir. — *Ind.* Je veux, tu veux, il veut, n. *voulons*, v. *voulez*, ils veulent. — Je voudrai....— Je voudrais...—Veuille, veuillons, veuillez. — *Subj.* Q. je veuille.., q. n. *voulions*... qu'ils veuillent.

QUATRIÈME CONJUGAISON.

1. Absoudre. — *Ind. p.* J'*absous*, tu *absous*, il *absout*, n. absolvons, v. absolvez.—*Imp.* J'absolvais...

Point de *passé défini*, ni *d'imp. du subj.* — ***Fut.*** ***J'absoudrai...*** — ***Subj.*** *p.* que j'absolve... — ***Part.*** Absolvant.

2. Atteindre. — J'atteins... — J'atteignis... — Atteignant. — Atteint.

3. Boire. — Je *bois*, tu *bois*, il *boit*, n. buvons. v. buvez, ils boivent. — *Subj.* Que je boive... q. n. buvions... q. boivent.

4. Braire. — Il *brait*, ils *braient*. — Il *braira*. — Il *brairait*. Point d'autres temps.

5. Bruire. — Il *bruit*, ils *bruyent*. — Il *bruyait*. — *bruyant*. Point d'autres temps.

6. Clore. — Je *clos*, tu *clos*, il *clôt*. (Point de pluriel). — Je *clorai*... — Je *clorais*... — ***Impér.*** ***Clos.*** — ***Part.*** *pass.* *Clos*, *close*.

7. Dire. — Je *dis*, tu *dis*, il *dit*, n. *disons*, v. dites, ils *disent*. — *Dis*, *disons*, dites.

8. Faire. — Je *fais*..... n. *faisons*, v. faites, ils font. — Je ferai... — *subj.* que je fasse...

9. Prendre. — Je *prends*..... n. prenons... ils prennent. *Subj. p.* que je prenne... que n. prenions..... qu'ils prennent.

163. *Remarque*. Les composés des verbes irréguliers qui précèdent, se conjuguent comme leurs simples.

Ainsi, *accourir*, *concourir* se conjuguent comme *courir*; *apprendre* comme *prendre*, etc.

OBSERVATIONS SUR L'ORTHOGRAPHE DES VERBES.

PRÉSENT DE L'INDICATIF.

164. Le présent de l'indicatif se termine des manières suivantes :

1° Si la première personne du singulier finit par *e*, on ajoute *s* à la seconde ; la troisième est semblable à la première : *je chante*, *tu chantes*, *il chante*.

2° Si la première personne finit par *s*, ou *x*, la

seconde est semblable à la première ; la troisième finit ordinairement en *t* : *Je finis, tu finis, il finit.*

3° Dans quelques verbes, la troisième personne se termine en *d* : *Il rend, il vend, il prétend.*

4° Le pluriel, dans toutes les conjugaisons (des v. rég^rs^.), se termine toujours par *ons, ez, ent* : *Nous chantons, vous finissez, ils rendent.*

IMPARFAIT DE L'INDICATIF.

165. Il se termine toujours de cette manière : *Ais, ais, ait, ions, iez, aient :*

Je chantais, tu finissais, il recevait.

Nous rendions, vous rendiez, ils rendaient.

PASSÉ DÉFINI.

166. Il se termine à la première conjug. par : *Ai, as, a, âmes, âtes, èrent :*

Je chantai, tu chantas, il chanta,

Nous chantâmes, vous chantâtes, ils chantèrent.

Et aux trois autres par : *s, s, t, mes, tes, rent :*

Je finis, tu reçus, il rendit,

Nous finîmes, vous reçûtes, ils rendirent.

FUTUR.

167. Il se termine toujours ainsi : *Rai, ras, ra, rons, rez, ront :*

Je chanterai, je finirai, tu recevras, il rendra,

N. chanterons, n. finirons, v. recevrez, ils rendront.

CONDITIONNEL PRÉSENT.

168. Il se termine toujours ainsi : *Rais, rais, rait, rions, riez, raient :*

Je chanterais, je finirais, tu recevrais, il rendrait,

N. chanterions, n. finirions, v. recevriez, ils rendraient.

IMPÉRATIF.

169. La seconde personne du sing de l'impératif

est semblable à la première du présent de l'indicatif ; la première et la seconde personne du plur. sont semblables à la première et à la seconde du présent de l'indicatif :

SING. *Je chante.* --- IMPÉR. *chante.*

PLUR. *N. chantons, v. chantez.* — IMPÉR. *chantons, chantez.*

PRÉSENT DU SUBJONCTIF.

170. Il se termine toujours ainsi : *e, es, e, ions, iez, ent :*

Que je chante, que tu finisses, qu'il reçoive.
Que n. rendions, que v. rendiez, qu'ils rendent.

IMPARFAIT DU SUBJONCTIF.

170. Il se termine ainsi : *sse, sses, t, ssions, ssiez, ssent :*

Que je chantasse, que tu reçusses, qu'il rendit,
Que n. chantassions, que v. reçussiez, qu'ils rendissent.

DES VERBES CONJUGUÉS INTERROGATIVEMENT.

172. Un verbe ne peut se conjuguer interrogativement qu'à l'indicatif et au conditionnel.

173. Pour conjuguer un verbe interrogativement,

1° On place les pronoms personnels après le verbe dans les temps simples, et après l'auxiliaire dans les temps composés, puis, on lie ces pronoms à l'un ou à l'autre verbe par un trait d'union : *aimez-vous? avez-vous aimé?*

2° Quand le verbe est à la 3e personne du singulier, et finit par une voyelle, les pronoms *il, elle, on,* doivent être précédés de la lettre euphonique *t,* qui se met entre deux traits d'union : *aime-t-il? aime-t-elle? a-t-on aimé?*

3° Quand la première personne finit par un *e* muet, on le change en *é* fermé : *aimé-je? eussé-je aimé?*

MODÈLE DE CONJUGAISON PAR INTERROGATION.

INDICATIF.

PRÉSENT.

Aimé-je?
Aimes-tu?
Aime-t-il?
Aimons-nous?
Aimez-vous?
Aiment-ils?

IMPARFAIT.

Aimais-je?
Aimais-tu?
Aimait-il?
Aimions-nous?
Aimiez-vous?
Aimaient-ils?

PASSÉ DÉFINI.

Aimai-je?
Aimas-tu?
Aima-t-il?
Aimâmes-nous?
Aimâtes-vous?
Aimèrent-ils?

PASSÉ INDÉFINI.

Ai-je aimé?
As-tu aimé?
A-t-il aimé?
Avons-nous aimé?
Avez-vous aimé?
Ont-ils aimé?

PASSÉ ANTÉRIEUR.

Eus-je aimé?
Eus-tu aimé?
Eut-il aimé?
Eûmes-nous aimé?
Eûtes-vous aimé?
Eurent-ils aimé?

PLUS-QUE-PARFAIT.

Avais-je aimé?
Avais-tu aimé?
Avait-il aimé?
Avions-nous aimé?
Aviez-vous aimé?
Avaient-ils aimé?

FUTUR.

Aimerai-je?
Aimeras-tu?
Aimera-t-il?
Aimerons-nous?
Aimerez-vous?
Aimeront-ils?

FUTUR ANTÉRIEUR.

Aurai-je aimé?
Auras-tu aimé?
Aura-t-il aimé?
Aurons-nous aimé?
Aurez-vous aimé?
Auront-ils aimé?

CONDITIONNEL.

PRÉSENT.

Aimerais-je ?
Aimerais-tu ?
Aimerait-il ?
Aimerions-nous ?
Aimeriez-vous ?
Aimeraient-ils ?

PASSÉ.

Aurais-je aimé ?
Aurais-tu aimé ?
Aurait-il aimé ?
Aurions-nous aimé ?
Auriez-vous aimé ?
Auraient-ils aimé ?

On dit aussi :

Eussé-je aimé ?
Eusses-tu aimé ?
Eût-il aimé ?
Eussions-nous aimé ?
Eussiez-vous aimé ?
Eussent-ils aimé ?

174. *Remarque.* La forme interrogatoire n'est point usitée à la 1re personne singulière du présent de l'indicatif, quand c'est un monosyllabe.

Ainsi, au lieu de dire *rends-je ? mens-je ? etc.*, on dit : *est-ce que je rends ? est ce que je mens ?* L'usage autorise cependant *ai-je ? dis-je ? dois-je ? fais-je ? puis-je ? suis-je ? vais-je ? vois-je ?*

QUESTIONS SUR LE VERBE.

84. Qu'est-ce que le *verbe ?*
85. C. connaît-on qu'un mot est un verbe ?
86. Qu'appelle-t-on *modifications* du verbe ?
87. Q. le *nombre ?*
88. Combien y a-t-il de *personnes* dans les verbes ?
89. Q. le *mode ?*
90. Combien y a-t-il de modes ?
91. Qu'exprime l'*indicatif ?*
92. . . . . . le *conditionnel ?*
93. . . . . . l'*impératif ?*
94. . . . . . le *subjonctif ?*
95. . . . . . l'*infinitif ?*
96. Qu'appelle-t-on *mode personnel* et *mode impersonnel ?*

97. Q. le *temps?*
98. Combien y a-t-il de temps?
99. Qu'exprime le *présent?*
100. . . . . . l'*imparfait?*
101. . . . . . le *passé défini?*
102. . . . . . le *passé indéfini?*
103. . . . . . le *passé antérieur?*
104. . . . . . le *plus-que parfait?*
105. . . . . . le *futur?*
106. . . . . . le *futur antérieur?*
107. C. se divisent ces divers temps?
108. Q. les temps *simples?*
109. . les temps *composés?*
110. Q. *conjuguer* un verbe?
111. Combien y a-t-il de conj. et c. les distingue-t-on?
112. Quels sont les V. que l'on nomme *auxiliaires?*
113. Q. R. V. sur les verbes en *cer?*
114. . . . . en *ger?*
115. . . . . en *eler*, *eter?*
116. . . . sur les autres V. en *er?*
117. . . . . . . sur les V. en *ier?*
118. Q. R. V. sur le V. *bénir?*
119. . . . . *haïr?*
120. . . . . *fleurir?*
121. Quels sont les verbes qui se conj. sur recevoir?
122. Q. R. V. sur *devoir*, *redevoir?*
123. . . . . sur les verbes en *indre* et en *soudre?*
124. Q. le *sujet?*
125. C. trouve-t-on le sujet?
126. C. s'accorde le verbe avec son sujet?.
127. A quel nombre se met le verbe quand il a plusieurs sujets du singulier?
128. Mais si les sujets sont de différentes personnes...?
129. Quelle est la personne qu'il convient de nommer la première?

130. Q. le *complément?*
131. Combien y a-t-il de sortes de compléments?
132. Q. le complément *direct?*
133. C. trouve-t-on le complément direct?
134. Q. le complément *indirect?*
135. Quels sont les mots susceptibles de compléments?
136. Combien y a-t il de sortes de verbes?
137. C. se nomme le verbe *être* sous sa forme simple?
138. . . . . combiné avec un qualificatif?
139. Combien y a-t-il de sortes de *verbes adjectifs?*
140. Q. le verbe *actif?*
141. C. reconnaît-on qu'un verbe est actif?
142. C. se conjuguent les verbes actifs?
143. Q. le verbe *passif?*
144. De quoi se compose-t-il?
145. Q. le verbe *neutre?*
146. C. reconnaît-on qu'un verbe est neutre?
147. Q. R. V. sur la conjugaison des verbes neutres?
148. Q. le verbe *réfléchi?*
149. C. se divisent les verbes réfléchis?
150. Q. les verbes *essentiellement réfléchis?*
151. Q.R. V. sur les verbes essentiellement réfléchis?
152. Q. les verbes *accidentellement réfléchis?*
153. Q. R. V. sur les v. accidentellement réfléchis?
154. Q. R. V. sur la conjugaison des v. réfléchis?
155. Q. le verbe *unipersonnel?*
156. Q. R. V. sur les v. accidentellement unipers.?
157. De quoi sont composés les verbes?
158. Qu'appelle-t-on *radical* d'un verbe?
159. . . . . . . *terminaison?*
160. Comment trouve-t-on le radical d'un verbe?
161. Comment faut-il faire pour conjuguer un verbe?
162. N'y a-t-il pas des V. qui ne peuvent pas se conjuguer d'après cette règle et c. les appelle-t-on?
163. C. se conjuguent les composés des V. irrég.?

164. C. se termine le *présent de l'indicatif?*
165 . . . . *l'imparfait de l'indicatif?*
166. . . . . le *passé défini?*
167. . . . . le *futur?*
168. . . . . le *conditionnel présent?*
169. . . . . *l'impératif?*
170. C.. se termine le présent du subj. ?
171. . . . . l'imparfait du subj. ?
172. Un verbe peut-il se conjuguer *interrogativement* à tous les modes?
173. C. conjugue-t-on un V. interrogativement?
174. N'y a-t-il pas une personne qui, en certain cas, ne doit pas être employée interrogativement?

CHAPITRE VI.

DU PARTICIPE.

175. Le *participe* est un mot qui tient du verbe et de l'adjectif : du verbe en ce qu'il en a la signification et le régime : *Aimant Dieu*, *aimé de Dieu*; de l'adjectif, en ce qu'il qualifie le mot auquel il se rapporte : *Un homme aimant*, *un père aimé*.

176. Il y a deux sortes de participes : le participe *présent* et le participe *passé*.

DU PARTICIPE PRÉSENT.

177. Le participe *présent* exprime une action faite par le mot qu'il qualifie : il est toujours terminé en *ant*, et toujours invariable : *Des hommes lisant*, *des femmes lisant*.

DU PARTICIPE PASSÉ.

178. Le participe *passé* exprime une action reçue par le mot qu'il qualifie. Il est variable, c'est-à-dire qu'il est susceptible de prendre le genre et le nombre : *Un frère aimé, une mère aimée, des pères aimés, des mères aimées.*

ACCORD DU PARTICIPE PASSÉ.

179. Ire *Règle.* Tout participe conjugué avec l'auxiliaire *être*, s'accorde en genre et en nombre avec son sujet, quelle que soit la place occupée par celui-ci.

Exemples :

Ma sœur a été punie,
Mes lettres sont écrites,
C'est ici qu'étaient assises ma mère et ma sœur.

180. 2e *Règle.* Le participe passé, conjugué avec l'auxiliaire *avoir*, s'accorde toujours avec son complément direct, quand ce complément est devant le participe.

Exemples :

Voici la lettre QUE *j'ai* REÇUE.
Vos livres, je LES *ai* PERDUS.
Mes amis, on VOUS *a* RÉCOMPENSÉS.
Quelle JOIE *j'ai* ÉPROUVÉE !
Combien de LIVRES *avez-vous* LUS ?

Dans ces exemples, les participes *reçue*, *perdus*, *récompensés*, *éprouvée*, *lus*, s'accordent avec leurs compléments directs, *que*, *les*, *vous*, *joie*, *livres*, parce que ces compléments les précèdent.

181. 3e *Règle.* Le participe passé, conjugué avec

l'auxiliaire *avoir*, reste invariable toutes les fois qu'il n'a point de complément direct placé avant lui.

Exemples :

Nous avons REÇU *votre* LETTRE,
Nous avons PERDU *vos* LIVRES,
Vous avez beaucoup LU,
Ils ont RÉPONDU *à notre attente.*

Ici les participes *reçu*, *perdu*, *lu*, *répondu*, restent invariables parce qu'ils n'ont aucun complément direct placé avant eux; dans les deux premiers exemples, ce complément est placé après eux, et dans les deux derniers il n'en existe point.

REMARQUES SUR LE PARTICIPE PASSÉ.

182. Ire *Remarque.* Le participe passé, qui n'est accompagné d'aucun auxiliaire, est un véritable adjectif, qui s'accorde en genre et en nombre avec le mot qu'il qualifie.

Voyez ces remparts DÉTRUITS, *ces villes* FORCÉES, *ces campagnes* RAVAGÉES.

183. IIe *Remarque.* Le verbe *être* étant employé pour le verbe *avoir* dans les verbes réfléchis (n° 154), le participe de ces verbes suit absolument la même règle que le participe conjugué avec *avoir*, c'est-à-dire que le participe d'un verbe réfléchi s'accorde avec le complément direct quand il en est précédé, et que ce participe reste invariable quand son complément direct est après, ou quand il n'en a point.

Ainsi l'on écrira avec accord, suivant la 2e règle :
Elle s'est TROMPÉE ;
Nous NOUS *sommes* ÉGARÉS ;
Les lettres QU'*ils se sont* ÉCRITES ;
Parce que les participes *trompée*, *égarés*, *écrites*, sont

précédés de leurs compléments directs *se*, *nous*, *que*.

Mais, on écrira sans accord, conformément à la 3e règle :

Elle s'est COUPÉ *la main* ;
Vous vous êtes FAIT *illusion* ;
Ils se sont ÉCRIT ;

Parce que les participes *coupé*, *fait*, sont suivis de leurs compléments directs *main*, *illusion*, et que le participe *écrit* est sans complément direct.

QUESTIONS SUR LE PARTICIPE.

175. Qu'est-ce que le *participe*?
176. Combien y a-t-il de sortes de participes?
177. Q. le participe *présent*?
178. Q. le participe *passé*?
179. C. s'accorde le part. passé conj. avec *être*?
180. . . . . conj. avec *avoir*, et précédé de son complément direct?
181. . . . . conj. avec *avoir*, et non précédé de son complément direct?
182. . . . . employé sans auxiliaire?
183. . . . . des verbes réfléchis?

DES MOTS INVARIABLES.

CHAPITRE VII.

DE L'ADVERBE.

184. L'*adverbe* est un mot invariable qui se joint au verbe, à l'adjectif, ou à un autre adverbe, pour le modifier : *marcher* LENTEMENT ; *être* BIEN *sage ; agir* TRÈS *prudemment.*

Son nom d'*adverbe* lui vient de ce qu'il accompagne le plus souvent un verbe.

185. Certains adjectifs servent quelquefois à modifier un verbe; alors ils deviennent adverbe et restent invariables :

Ces fleurs sentent BON, *ces hommes parlent* HAUT.

LISTE DES ADVERBES LES PLUS USITÉS.

Ailleurs.	Beaucoup.	Désormais.	Hier.
Ainsi.	Bien.	Dessus.	Ici.
Alentour.	Bientôt.	Dessous.	Incessamment.
Alors.	Certes.	Dorénavant.	Incontinent.
Assez.	Combien.	Encore.	Instamment.
Aujourd'hui.	Comme.	Enfin.	Jadis.
Auparavant.	Comment.	Ensemble.	Jamais.
Aussi.	Davantage.	Ensuite.	Là.
Aussitôt.	Dedans.	Environ.	Loin.
Autour.	Dehors.	Exprès.	Longtemps.
Autrefois	Déjà.	Gratis.	Lors.
Autrement.	Demain.	Guère.	Maintenant.

Mieux.	Parfois.	Quelquefois.	Toujours.
Moins.	Partout.	Sciemment.	Très.
Naguère.	Peu.	Soudain.	Trop.
Ne.	Pis.	Souvent.	Y.
Non.	Plus.	Surtout.	Vraisemblable-
Notamment.	Plutôt.	Tant.	ment, *et autres*
Nullement.	Presque.	Tantôt.	*adv. en ment*
Où.	Puis.	Tard.	*formés d'adj.*
Oui.	Quasi.	Tôt.	

186. Ne confondez pas *y* adverbe avec *y* pronom personnel. Y, adverbe, signifie là : *J'y vais, j'y suis ; y*, pronom, signifie *à cela : J'y pense, j'y travaille.*

187. Un assemblage de mots remplissant la fonction d'adverbe, s'appelle locution adverbiale.

LISTE DES PRINCIPALES LOCUTIONS ADVERBIALES.

A jamais.	A peine	Ne pas.
A la fin.	Au reste	Ne point.
A la fois.	Avant-hier.	Ne que.
A l'envi.	Ça et là.	Ni plus ni moins.
A part.	Ci-après.	Par hasard.
A peine.	Ci-dessus.	Pêle-mêle.
Après demain.	Ci-dessous.	Plus tôt.
A présent.	De là.	Quelque part.
Au hasard.	Deçà et delà.	Tour-à-tour.
Au moins.	Du reste	Tout-à-coup.

QUESTIONS SUR L'ADVERBE.

184. Qu'est-ce que l'*adverbe ?*
185. Certains adjectifs ne peuvent-ils pas devenir adv. ?
186. Q. R. V. sur *y* ?
187. Qu'appelle-t-on locution adverbiale ?

CHAPITRE VIII.

DE LA PRÉPOSITION.

188. La *préposition* est un mot invariable, qui sert à marquer les rapports que les mots ont entre eux.

Quand je dis : *le fruit* DE *l'arbre*, *de* marque le rapport qu'il y a entre *fruit* et *arbre*, c'est une préposition.

189. La préposition a toujours un régime ou complément exprimé ou sous-entendu ; et ce régime est le mot qui répond à la question *qui* ou *quoi?* faite avec la préposition.

Ex. : *Être* DANS *la maison*. Être *dans quoi?* — *Dans la maison*. *Maison* est donc régime de la préposition *dans*.

Cette espèce de mot s'appelle *préposition*, parce qu'elle se met ordinairement devant le mot qu'elle régit.

LISTE DES PRÉPOSITIONS LES PLUS USITÉES.

A.	Devant.	Outre.	Sous.
Après.	Devers.	Par.	Suivant.
Avant.	En.	Parmi.	Sur.
Avec	Entre.	Pendant.	Touchant.
Chez.	Envers.	Pour.	Vers.
Contre.	Hormis.	Près.	Voici
Dans.	Hors.	Proche.	Voilà.
De.	Malgré.	Sans.	
Depuis.	Moyennant.	Sauf.	
Derrière.	Nonobstant.	Selon.	

190. Ne confondez pas *en* préposition avec *en* pronom personnel *En*, préposition, a toujours un ré-

gime : *agir* EN *ami*, *voyager* EN *Italie*; *en*, pronom, n'a pas de régime, et signifie *de lui*, *d'elle*, *de cela* : *nous* EN *parlons*, *vous* EN *avez*.

191. Plusieurs mots réunis faisant l'office d'une préposition, se nomment locution prépositive.

LISTE DES PRINCIPALES LOCUTIONS PRÉPOSITIVES.

A côté de.	Au lieu de.	En faveur de.	Proche de.
A cause de.	Auprès de.	Jusqu'à.	Quant à.
A l'égard de.	Au bout de.	Loin de.	Vis-à-vis.
A même de.	Autour de.	Par dessus, etc.	Non compris.
A travers de.	Au travers de.	Par delà.	Y compris.
Au-delà de.	En deçà de.	Près de.	

QUESTIONS SUR LA PRÉPOSITION.

188. Qu'est-ce que la *préposition*?
189. La préposition a-t-elle un régime?
190. *En* n'est-il pas préposition et tantôt pronom?
191. Que nomme-t-on locution prépositive?

CHAPITRE IX.

DE LA CONJONCTION.

192. La *conjonction* est un mot invariable qui sert à lier un mot à un autre mot, ou un membre de phrase à un autre membre de phrase.

Quand je dis : *Dieu créa le ciel* ET *la terre*; *aimons-le*, CAR *il est bon*, le mot *et* lie le mot *ciel* avec le mot *terre*, c'est une conjonction; le mot *car* lie le membre de phrase *il est bon* avec le précédent *aimons-le*, c'est une autre conjonction.

LISTE DES CONJONCTIONS LES PLUS USITÉES.

Car.	Mais.	Pourtant.	Si.
Cependant.	Néanmoins.	Puis.	Sinon.
Comme.	Ni.	Puisque.	Toutefois.
Donc.	Or.	Quand.	
Et.	Ou.	Que.	
Lorsque.	Pourquoi.	Quoique.	

193. Plusieurs mots réunis faisant l'office d'une conjonction se nomment locution conjonctive.

Au reste, au surplus, ainsi que, bien que, dès que, par conséquent, parce que, tandis que, à moins que, et autres expressions terminées par *que* conjonction.

QUESTIONS SUR LA CONJONCTION.

192. Qu'est ce que la conjonction?
193. Que nomme-t-on locution conjonctive?

CHAPITRE X.

DE L'INTERJECTION.

194. L'*interjection* est un mot invariable qui sert à exprimer les mouvements subits de l'âme, comme la joie, la douleur, etc.

Les principales interjections sont, pour exprimer

La joie :	*ah! bon!*
La douleur :	*ah! aie! hélas! ouf!*
La crainte :	*ha! hé!*
La surprise :	*ha! ho! bah!*
L'aversion :	*fi! fi donc!*
L'admiration :	*ah! oh! eh!*

Certains bruits : *crac! paf! pouf!*
Pour encourager : *ça! allons! courage!*
Pour appeler : *hola! hé!*
Pour interroger : *hé bien! hé quoi!*
Pour faire taire : *chut! paix! silence!*

SECONDE PARTIE.

REMARQUES PARTICULIÈRES SUR CHAQUE ESPÈCE DE MOT, SUR LEUR EMPLOI, LEUR CONSTRUCTION.

CHAPITRE PREMIER.

DU NOM.

DU GENRE DE QUELQUES NOMS.

195. Il y a des noms qui ont les deux genres; Tels sont : *Aigle*, qui est masculin quand il signifie un oiseau de ce nom, et féminin quand il signifie enseigne.

Amour, *orgue* et *délice*, qui sont masculins au singulier, et féminins au pluriel;

Enfant, *élève*, qui sont masculins quand ils s'appliquent à un garçon, et féminins quand ils désignent une fille;

Et grand nombre d'autres noms qu'il serait trop

long d'énumérer : le Dictionnaire et l'usage les feront connaître.

DU NOMBRE DE QUELQUES NOMS.

196. Il y a des noms qui ne s'emploient qu'au pluriel;

Tels sont : *Ancètres*, *archives*, *broussailles*, *hardes*, *mœurs*, etc.

197. Quelques autres ne s'emploient qu'au singulier; tels sont :

1° Les noms de métaux : l'*or*, l'*argent*, le *fer*; etc. quand ils ne désignent qu'une seule espèce;

2° Les noms de quelques vices et ceux de quelques vertus, comme *avarice*, *mollesse*, *douceur*, *fermeté*, etc.

3° Les adjectifs et les verbes pris substantivement : *le beau*, *l'agréable*, *le boire*, *le manger*, *le savoir*, etc.

198. Il y en a d'autres enfin qui, lors même qu'ils sont employés au pluriel, n'en prennent pas la marque; ce sont :

1° Les mots invariables, employés substantivement : *les car*, *les si*, *les oui*, *les non*, etc.

2° Les noms latins donnés aux prières de l'Eglise : des *pater*, des *ave*, des *credo*, etc.

3° Les noms empruntés des langues étrangères, et formés de plusieurs mots et même quelques-uns formés d'un seul mot : des *in-folio*, des *post-scriptum*, des *alleluia*, des *recto*, des *verso*, etc.

Cependant on écrit, avec une *s*, des *agendas*, des *pensums*, des *numéros*, des *déficits*, et quelques autres noms, quoique pris des langues étrangères, parce que l'usage les a naturalisés.

4° Tous le noms propres : *les deux* Sénèque *frères*, *les deux* Racine *père et fils*.

Mais on écrit avec l'*s*, marque du pluriel, les *Césars*, les *Cicérons*, etc., si l'on a en vue des guerriers comme *César*, des savants comme *Cicéron*, parce que, en ce cas, les noms propres passent à l'état de noms communs.

DES NOMS COLLECTIFS.

199. On appelle *collectifs* certains noms communs qui, quoiqu'au singulier, expriment une réunion de personnes ou de choses de même espèce, comme *peuple*, *foule*, *multitude*.

200. On distingue deux sortes de collectifs, les *généraux* et les *partitifs*.

201. Les collectifs *généraux* sont ceux qui expriment une collection entière : *la multitude des étoiles*, c.-à-d. *toutes les étoiles ; la foule des mortels*, c.-à-d. *tous les mortels*.

202. Les collectifs *partitifs* sont ceux qui n'expriment qu'une collection partielle : *une multitude d'étoiles*, *une foule d'hommes*, c.-à-d. *une partie seulement des étoiles*, *des hommes*.

203. *Remarque*. En général, un collectif précédé de *un*, *une*, est partitif : *une foule d'enfants*, *une infinité d'insectes*.

204. Il importe de saisir cette distinction, attendu que le collectif *général* est le mot essentiel de la phrase, c'est-à-dire celui auquel se rapporte l'adjectif, le pronom, le verbe et le participe; tandis que le collectif *partitif* n'y a aucune importance, sa valeur correspondant toujours à l'un des adverbes *peu*, *beaucoup*.

Ex. *La multitude des curieux fut refoulée.*

Ici *multitude*, signifiant la totalité, est un collectif général ; or, le verbe *fut* et le participe *refoulée* se rapportent à ce collectif, et non au mot *curieux*.

Une multitude de femmes se trouvaient mêlées aux perturbateurs.

C'est-à-dire, *beaucoup de femmes*; or, multitude étant un collectif partitif, le verbe *se trouvaient* et le participe *mêlées* s'accordent, non avec ce collectif, mais avec le nom *femmes*, qui le suit.

DES NOMS COMPOSÉS.

205. On appelle *nom composé* plusieurs mots joints par un trait d'union et équivalent à un seul nom,

Comme *chef-d'œuvre, arc-en-ciel, hôtel-Dieu.*

206. Chaque partie d'un nom composé doit être écrite au singulier ou au pluriel de la même manière qu'on l'écrirait si elle était considérée isolément et que la phrase fut complétée par l'addition des mots sous entendus.

207. Les parties qui entrent dans un nom composé sont variables ou invariables; les seules parties variables sont le nom et l'adjectif; donc :

208. 1° Quand un nom composé est formé de deux noms, ils prennent tous les deux la marque du pluriel : *un chef-lieu, des chefs-lieux*; *une malle-poste, des malles-postes.*

On écrit cependant : *des hôtels-Dieu*, hôtels dédiés à Dieu.

209. 2° Quand un nom composé est formé d'un nom et d'un adjectif, ils prennent l'un et l'autre la marque du pluriel : *un coffre-fort, des coffres-forts*; *une belle-mère des belles-mères.*

210. 3° Quand un nom composé est formé de deux noms unis par une préposition, le premier seul prend la marque du pluriel : *un chef-d'œuvre, des chefs-d'œuvre*; *un ver-à-soie, des vers-à-soie.*

Cependant on dit: *des coq-à-l'âne, des tête-à-tête*, etc.

211. 4° Quand un nom composé est formé d'un nom joint à un verbe, ou à un adverbe, ou à une pré-

position, le nom seul prend la marque du pluriel ; si toutefois il y a pluralité dans l'idée ; car ici le pluriel se détermine moins par l'article que par l'idée que présente le nom par lui-même.

Ainsi l'on écrira avec *s* au pluriel : *un marchand plumes* (à écrire) ; *une assiettée d'olives.*

Mais on écrira sans *s*, tant au pluriel qu'au singulier ; *un marchand de plume* (pour lit) ; *de l'huile d'olive.*

Enfin on écrira avec *s*, tant au singulier qu'au pluriel : *un porte-mouchettes, des porte-mouchettes*, ce qui porte les mouchettes ; *un essuie-mains, des essuie-mains*, ce qui essuie les mains, etc.

212. 5° Un nom composé formé de mots invariables, ne saurait prendre la marque du pluriel : *des ouï-dire, des passe-partout*, etc.

QUESTIONS SUR LE NOM.

195. N'y a-t-il pas des noms qui ont les deux genres?
196. . . . . qui ne s'emploient qu'au pluriel?
197. . . . . qu'au singulier?
198. . . . . qui quoique au pluriel n'en prennent pas la marque?
199. Qu'appelle-t-on nom *collectif?*
200. Combien distingue-t-on de sortes de collectifs?
201. Qu'est-ce que les collectifs *généraux?*
202. Q. . . . . . » . . *partitifs?*
203. Q. R. V. sur les collectifs *partitifs?*
204. Quelle est l'importance de cette distinction?
205. Qu'appelle-t-on noms *composés?*
206. C. écrit-on chaque partie d'un nom composé?
207. Quelles sont les parties variables?
208. Comment écrit-on au pluriel les noms composés de deux noms?

209. . . . . d'un nom et d'un adj.?
210. . . . . de deux noms unis par une prép.?
211. . . . . d'un nom joint à un verbe, à un adv., ou à une préposition?
212. Les noms comp. formés de mots invariables prennent-ils la marque du pluriel?

CHAPITRE II.

DE L'ARTICLE.

ACCORD DE L'ARTICLE.

213. L'article s'accorde en genre et en nombre avec le nom qu'il acompagne: *le roi, la reine, les princes, les princesses.*

214. Avec les adverbes *plus, moins, mieux,* on se sert de l'article lorsqu'il y a comparaison; car alors il y a un nom sous-entendu :

De toutes ces dames, votre mère était la plus affligée, c.-à-d. *la dame plus affligée que les autres.*

215. Mais, lorsqu'il n'y a point de comparaison, on met seulement *le*, qui forme avec les adverbes *plus, moins. mieux*, une locution adverbiale, quand on veut exprimer une qualité portée au plus haut point :

Votre mère ne pleure pas lors même qu'elle est LE *plus affligée*, c'est-à-dire *affligée au plus haut point.*

EMPLOI DE L'ARTICLE.

216. On emploie *du*, *des*, *de l'*, *de la*, devant les noms communs qui sont pris dans un sens partitif,

c'est-à-dire, qui ne désignent qu'une partie des personnes ou des choses dont on parle : *Voilà du pain*, *de l'eau*, *des fruits*, c'est-à-dire une partie, une certaine quantité de *pain*, etc.

217. Mais, si le nom partitif est précédé d'un adjectif, on supprime l'article et on emploie simplement la préposition *de* : *Voilà* DE *beaux jardins*, DE *belles fleurs*.

218. On supprime encore l'article devant tout nom commun qui a une signification indéterminée, c'est-à-dire générale et vague,

Comme dans : *Une table de marbre*, *agir en homme*, *rendre service*, où il ne s'agit ni de tout le marbre, ni d'un marbre particulier et déterminé, etc.

DE LA RÉPÉTITION DE L'ARTICLE.

219. L'article et ses équivalents (les adj. déterminatifs) doivent se répéter devant tout nom commun, exprimé ou sous-entendu, lorsque ce nom est pris dans un sens déterminé :

LE *père et* LA *mère*; SON *frère et* SA *sœur*, et non pas LES *père et mère*, LES *frère et sœur*.

Le vieux et le jeune soldat.

Le nom *soldat* est sous-entendu après *vieux*; car il est ici question de deux soldats.

Mais si on ne parlait que d'un seul soldat on dirait, sans répéter l'article : *Le vieux et brave soldat*, parce que les qualités exprimées par *vieux* et *brave* conviendraient au même nom.

QUESTIONS SUR L'ARTICLE.

213. Comment s'accorde l'article?

214. Dans quel cas emploie-t-on l'article devant les adv. *plus*, *moins*, *mieux?*

215. Dans quel cas ne met-on que *le* invariable?

216. Quel est l'emploi des articles *du*, *des*, etc. ?
217. Dans quel cas l'article se remplace t-il par *de*?
218. Emploie-t-on l'art. devant les n. indéterm.?
219. Dans quel cas répète-t-on l'art. et les adj. déter. ?

CHAPITRE III.

DE L'ADJECTIF QUALIFICATIF.

EXCEPTIONS A L'ACCORD DE L'ADJECTIF.

220 1re *Exception.* Un adjectif se rapportant à plusieurs noms ne s'accorde qu'avec le dernier :

1° Quand ces noms sont synonymes, c'est à-dire quand ils ont à peu près la même signification; dans ce cas, le dernier nom n'est jamais précédé de la conjonction *et : Il a montré une intrépidité, un courage étonnant*, ou *un courage, une intrépidité étonnante.*

2° Quand les noms sont unis par la conjonction *ou : Un courage* ou *une adresse étonnante.*

221. 2e *Exception.* Les adjectifs *nu*, *demi*, *excepté*, *supposé*, *passé*, *compris*, etc., placés avant les noms, sont invariables : NU-*tête*, DEMI-*lune*, etc.

Mais ces adjectifs, placés après les noms, s'accordent avec ces noms en genre et en nombre : *La tête* NUE, etc.

Cependant *demi* reste toujours au singulier, parce qu'il ne s'agit que de la moitié d'une chose : *Deux heures et demie.*

Demi, *demie* ne prennent la marque du pluriel que quand ils sont employés comme substantifs : *Cette horloge sonne les demies.*

222. 3° *Exception. Feu* s'accorde avec le nom

qu'il modifie, quand il le précède immédiatement : *La* FEUE *reine*; mais il reste invariable quand il est séparé du nom par l'article ou par un adjectif déterminatif : FEU *la reine*, FEU *votre mère.*

REMARQUES.

223. Quelquefois l'adjectif se transforme en nom commun, et conséquemment il représente soit des personnes, soit des choses; alors il est précédé de l'article ou d'un adjectif déterminatif : *Le juste*, *le méchant*, *l'utile*, *l'agréable.*

224. De même, le nom devient adjectif, lorsque sa fonction se réduit à exprimer une qualité, un état; dans ce cas, il n'est précédé d'aucun déterminatif : *Il est avocat*, *elle est peintre.*

QUESTIONS SUR L'ADJECTIF QUALIFICATIF.

220. Quel est l'accord de l'adj. se rapportant à plusieurs n. synonymes ou unis par la conj. *ou?*
221. Q. R. V. sur les adj. *nu*, *demi*, *excepté*, etc.?
222. . . . . sur l'adj. *feu?*
223. L'adj. ne devient-il pas quelquefois nom?
224. Le nom ne devient-il pas quelquefois adj.?

CHAPITRE IV.

DE L'ADJECTIF DÉTERMINATIF.

225. *Vingt* et *cent* sont les seuls adjectifs numéraux cardinaux susceptibles de prendre la marque du pluriel.

Vingt et *cent* ne prennent une *s*, que lorsqu'il y a plusieurs fois *vingt* ou *cent*, et lorsqu'ils ne sont point suivis d'un autre nombre :

On dit donc avec une *s* : *Quatre* VINGTS *hommes*, *deux* CENTS *francs*.

Et sans *s* : VINGT *hommes*; CENT *francs quatre*-VINGT-*trois hommes*, *deux* CENT *dix francs*.

226. *Mille*, adjectif numéral, invariable, s'écrit des deux manières suivantes :

1° *Mille*, quand il signifie dix fois cent : *Dix* MILLE *francs*.

2° *Mil*, quand il est question de la date ordinaire des années : *L'an* MIL *huit cent quarante-huit*.

Mais, dans ce cas, il faut que *mil*, ainsi écrit par abréviation, ne soit précédé d'aucun autre adjectif numéral, et qu'au contraire il en soit suivi; ainsi l'on écrira : *l'an quatre* MILLE; *l'an* MILLE.

227. *Remarque*. Il ne faut pas confondre *mille*, adjectif numéral, avec les noms *mille*, *millier*.

Mille, adjectif numéral, est toujours invariable : *Dix* MILLE *hommes*. *Mille*, représentant une mesure itinéraire, est un nom commun, et conséquemment est susceptible de prendre la marque du pluriel : *Trois* MILLES *d'Italie font une lieue de France*.

228. *Même* est adjectif ou adverbe.

Même est adjectif, et conséquemment variable :

1° Quand il est immédiatement devant le substantif : *Les* MÊMES *personnes*.

2° Quand il est placé après un pronom ou un seul nom : *Nous*-MÊMES; *ses ennemis* MÊMES *l'estiment*.

Même est adverbe, et par conséquent invariable,

1° Lorsqu'il est après un verbe et qu'il n'est point précédé de l'article : *Ils travaillent même la nuit*.

2° Lorsqu'il est après plusieurs noms : *Les riches*, *les princes*, *les rois* MÊME *ont des peines*.

229. *Tout* est *adjectif*, *nom* ou *adverbe*.

Tout est adjectif quand il se rapporte à un nom

ou à un pronom exprimé ou sous-entendu, et il en prend le genre et le nombre : TOUS *les hommes ; nous sommes* TOUS *sujets à la mort.*

Tout est nom quand il fonctionne comme tel ; alors il signifie une chose considérée en son entier, ou toutes choses, toutes sortes de choses : *Je veux le* TOUT *ou rien ; Dieu a* TOUT *créé.*

Tout est adverbe quand il modifie un qualificatif (adj. ou participe) ou un adverbe, alors il signifie *tout-à-fait, entièrement, quelque, quoique, encore que : Ils sont tout étonnés*, c.-à-d. *tout-à-fait étonnés ; ils parlent* TOUT *haut.*

Remarque. Tout, quoique adverbe, prend néanmoins le genre et le nombre, pour cause d'euphonie, quand il est devant un qualificatif féminin qui commence par une consonne ou une *h* aspirée : *Elles restèrent toutes stupéfaites, toutes honteuses.*

230. Il ne faut pas confondre *quelque* adjectif avec *quelque* adverbe, ni avec *quel que* adjectif et conjonction.

Quelque est adjectif quand il est suivi d'un nom avec lequel il s'accorde ; alors il s'écrit en seul mot : QUELQUES *richesses que vous ayez.*

Quelque, encore écrit en un seul mot, est adverbe quand il est devant un qualificatif ou un adverbe immédiatement suivi de *que ;* alors il modifie le qualificatif ou l'adverbe, et est par conséquent invariable : QUELQUE *puissants que vous soyez ;* QUELQUE *adroitement que vous vous y preniez.*

La locution *quel que*, écrite en deux mots, est composée de l'adjectif *quel* et de la conjonction *que*, et est suivie d'un verbe ; alors *quel* prend le genre et le nombre du sujet du verbe parce qu'il s'y rapporte, et *que*, conjonction, demeure invariable : QUELLE QUE *soit votre fortune ;* QUELLES QUE *soient vos richesses.*

QUESTIONS SUR L'ADJECTIF DÉTERMINATIF.

225. Q. R. V. sur *vingt* et *cent* ?
226. . . . . sur *mille* ?
227. *Mille* n'est-il pas employé quelquefois pour nom?
228. Q. R. V. sur *même* ?
229. . . . . *tout* ?
230. . . . . *quelque* , *quel que* ?

CHAPITRE V.

DU PRONOM.

DE L'ACCORD.

231. Le pronom est soumis pour l'accord aux même règles que l'adjectif, c.-à-d. qu'il prend le genre et le nombre du mot dont il tient la place.

232. Le pronom *le* est variable ou invariable.

Il est variable quand il remplace un nom (ou un adjectif pris substantivement : n° 223.)

Etes-vous la mère de cet enfant? ---- *Je* LA *suis.*

Etes-vous la malade que je sers? ---- *Je* LA *suis*

Le pronom *le* est invariable quand il remplace un adjectif (ou un nom pris adjectivement : n° 224.)

Madame êtes-vous malade? ---- *Je* LE *suis.*

Etes-vous mère? ---- *Je* LE *suis.*

Le pronom *le* reste de même invariable quand il se rapporte à un verbe: *Nous devons travailler quand nous* LE *pouvons.*

233. Le pronom *leur*, signifiant *à eux*, *à elles*, ne prend jamais la marque du pluriel : *Nous* LEUR *donnerons des prix.*

234. Les pronoms *vous* et *nous*, se rapportant à une seule personne, veulent le verbe au pluriel et l'adjectif au singulier :

Nous, SOUSSIGNÉ, *préfet du Rhône*, CERTIFIONS.....

Mon CHER *enfant*, *vous vous* TROMPEZ.

235. *On* masculin et singulier de sa nature devient féminin quand il s'applique expressément à une femme.

Ainsi une domestique dira en parlant d'elle : *Quand on est gagée on n'est pas maîtresse d'une seule de ses actions.*

On devient aussi pluriel quand il est suivi d'un nom précédé de l'article *des* : *On n'est pas des esclaves pour essuyer de si mauvais traitements.*

236. Les pronoms ne peuvent en général se rapporter qu'à des noms déterminés, c.-à-d. précédés de l'article ou d'un adjectif déterminatif.

Ainsi on ne doit pas dire :

S'il a PERMISSION *de partir, qui* LA *lui a donnée?*

Il nous a accueilli avec BONTÉ QUI *nous a ravis.*

Mais : *S'il a* LA PERMISSION *de partir, qui* LA *lui a donnée ?*

Il nous a accueillis avec UNE BONTÉ QUI *nous a ravis.*

DE L'EMPLOI DES PRONOMS.

237. On ne doit jamais sous-entendre les pronoms personnels employés comme régimes.

On ne dira donc pas : *Je* LE *crains et révère ;*

Mais : *Je* LE *crains et* LE *révère.*

238. Le pronom *soi* ne doit être en rapport qu'avec une expression vague et indéterminée :

Chacun pense à SOI ; *prendre garde à* SOI.

239. *Celui-ci*, *celle-ci*, *ceci*, se disent des objets les plus raprochés ou de ceux dont on a parlé en premier lieu ; *celui-là*, *celle-là*, *cela*, des objets les plus éloignés de ceux dont on a parlé d'abord :

Le corps périt et l'âme est immortelle ; cependant on néglige CELLE-CI *et l'on flatte* CELUI-LA.

240. Le pronom conjonctif doit toujours être rapproché autant que possible de son antécédent, afin d'éviter les équivoques.

Ainsi, ne dites pas : *Je vous envoie un chien par mon fils qui a les oreilles coupées ;*

Mais dites : *Je vous envoie par mon fils un chien qui*, etc.

241. Le pronom *qui*, précédé d'une préposition, ne doit jamais être employé que pour des noms de personnes, et non pour des noms de choses, à moins que ces choses ne soient personnifiées :

La personne de QUI *je me plains.*

Bois, à QUI *je confie mes peines.*

On ne dira donc pas : *l'étude à* QUI *je m'applique ;*

Mais : *à* LAQUELLE *je m'applique.*

242. Les pronoms *qui*, *que*, *dont*, se remplacent par *lequel*, *duquel*, etc., pour éviter une équivoque.

Ainsi, au lieu de dire : *Je dois recevoir une lettre* de mes enfants que j'attends avec impatience.

On dira : *laquelle* (lettre) *j'attends* avec impatience.

243. *Chacun* demande à être suivi tantôt de *son*, *sa*, *ses*, tantôt de *leur*, *leurs*.

244. *Chacun* demande *son*, *sa*, *ses*, dans deux cas :

1° Lorsqu'il ne se rapporte pas à un pluriel énoncé auparavant : *Remettez à* CHACUN SA *part.*

2° Lorsqu'il est précédé d'un pluriel, et qu'il se trouve après le régime direct du verbe : *Rangez ces livres, chacun à* SA *place.*

245. *Chacun* prend *leur*, *leurs*, dans deux cas :

1° Lorsqu'il est avant le régime direct du verbe : *Ils ont rempli chacun* LEUR *devoir.*

2° Lorsque le verbe n'a point ou ne saurait avoir de régime direct : *Ils ont voté chacun à* LEUR *tour.*

246. L'euphonie fait quelquefois préférer *l'on* à *on*, surtout après *et*, *ou*, *si*, *que*, *qui* :

Si L'ON *savait* ; *et* L'ON *dit* ; *ce que* L'ON *conçoit bien.*

247. Ne confondez pas *l'un et l'autre* avec *l'un l'autre*.

L'un et l'autre indique seulement la pluralité : *L'un et l'autre seront récompensés*

L'un l'autre indique la pluralité et la réciprocité : *Ils s'aident, ils s'aiment l'un l'autre.*

QUESTIONS SUR LE PRONOM.

231. Comment s'accorde le pronom?
232. Q. R. V. sur le pronom *le*?
233. . . . . *leur*?
234. . . . . *vous* et *nous*?
235. . . . . *on*?
236. Dans quel cas les pronoms ne peuvent-ils remplacer certains noms?
237. Peut-on sous-entendre les pronoms pers. employés comme régimes?
238. Q. R. V. sur l'emploi du pronom *soi*?
239. Q. R. V. sur les pronoms *celui-ci*, *celui-là*?
240. Quelle est la place du pronom conjonctif?
241. Le pronom *qui*, régime d'une préposition, peut-il se dire des choses?
242. Dans quel cas doit-on employer *lequel* au lieu de *qui*, *que*?
243. Quels mots demande après lui *chacun*?
244. Dans quels cas *chacun* demande-t-il *son*, *sa*, *ses*?
245. . . . . *leur*, *leurs*?
246. Ne dit-on pas quelquefois *l'on* pour *on*?
247. Q. R. V. sur *l'un et l'autre* et sur *l'un l'autre*?

CHAPITRE VI.

DU VERBE.

EXCEPTIONS A L'ACCORD DU VERBE AVEC SON SUJET.

248. Quoique le verbe ait plusieurs sujets il reste au singulier :

1° Quand les sujets sont synonymes : *Une équité, une probité intacte* FAIT *le fond de son caractère.*

2° Quand les sujets sont pris par gradation : *Ne reculez pas devant ce sacrifice : votre intérêt, votre honneur, Dieu* L'EXIGE.

3° Quand les sujets sont résumés par une expression générale, comme *tout*, *rien*, *personne* : *Le temps, l'éternité, rien n'effraie l'impie.*

4° Quand les sujets sont unis par *ou* et qu'un seul doit faire l'action marquée par le verbe, ce qui arrive toujours quand il s'agit de faits particuliers : *Votre père ou votre oncle sera maire de cette ville.*

249. Cependant si les sujets unis par *ou* sont de différentes personnes, le verbe se met au pluriel :

Mon frère ou moi PARTIRONS.

250. Le verbe se met encore au pluriel quand il s'agit de faits généraux ; alors *ou* a la valeur de *et* :

La cupidité ou la vengeance PORTENT *souvent au crime.*

REMARQUES SUR L'ACCORD DU VERBE AVEC SON SUJET.

251. 1re *Remarque.* Quand deux sujets sont unis par *comme*, *de même que*, *ainsi que*, etc., le premier seul est sujet ; parce que ces conjonctions, au lieu de réunir les objets, ne font que les comparer.

Le fils, comme le père, est doux et affable, c. à-d. *est doux et affable comme son père est ou était doux et affable.*

252. 2e *Remarque.* Deux sujets singuliers liés par *ni* veulent le verbe au pluriel quand ils peuvent faire simultanément ce qu'exprime le verbe :

Ni l'or, ni la grandeur ne nous RENDENT *heureux.*

253. Mais ils veulent le verbe au singulier quand ils ne peuvent faire ensemble ce qu'exprime le verbe :

*Ni l'un ni l'autre n'*EST *l homme qu'il me faut.*

254. 3e *Remarque. L'un et l'autre* demande généralement le verbe au pluriel, quoiqu'on puisse cependant le mettre au singulier :

L'un et l'autre SONT *bons. L'un et l'autre* EST *bon.*

255. 4e *Remarque.* Le verbe *être* précédé de *ce* et suivi d'une troisième personne plurielle sans préposi tion se met au pluriel :

Ce SONT *ces messieurs ; c'*ÉTAIENT *elles...*

Mais on dira, en mettant le verbe *être* au singulier :

*C'*EST *l'avarice et l'ambition qui troublent le monde.*

Et : *C'est de vos ancêtres que je parle.*

Parce que, dans le 1er ex., le nom qui suit immédiatement le verbe *être* n'est pas au pluriel, et que, dans le 2e ex., le nom pluriel qui suit immédiatement est précédé d'une préposition.

256. 5e *Remarque.* Si le sujet d'un verbe est au collectif, il en suit les règles établies page 70, n° 204.

DU COMPLÉMENT DES VERBES.

257. Un verbe ne peut avoir deux compléments directs, ni deux compléments indirects exprimant un même rapport.

Ne dites donc pas : *C'est à vous à qui je veux parler.*

Mais : *C'est à vous que je veux parler.*

258. Le même mot peut servir de complément à plusieurs verbes, pourvu que ces verbes ne demandent pas un complément différent.

Je hais, je déteste, je méprise le menteur.

259. Mais si, de deux verbes, l'un veut un complément direct et l'autre un complément indirect, il faut donner à chaque verbe le complément qu'il demande.

Ainsi l'on dira :

Il écoute mes LEÇONS *et* EN *profite.*

Et non pas : *Il écoute et profite de mes leçons.*

260. La même chose a lieu lorsque deux verbes exigent des compléments indirects marqués par des prépositions différentes.

Ainsi l'on dira : *Beaucoup d'étrangers entrent dans Paris, et en sortent chaque jour.*

Et non pas : *Entrent et sortent de Paris*, attendu qu'on dit : *Entrer dans et sortir de.*

DE LA PLACE DES COMPLÉMENTS DES VERBES.

261. Quand un verbe a un complément direct et un complément indirect, le plus court se place le premier :

J'ai donné à mon devoir les plus grands soins.

262. Si les compléments sont d'égale longueur, il vaut mieux placer le complément direct le premier.

Dieu a comblé les hommes de bienfaits.

263. Il faut excepter de cette dernière observation le cas où il résulterait une équivoque.

Ainsi au lieu de dire : *Calmez vos esprits agités par le repos.*

On dira : *Calmez par le repos vos esprits agités.*

DE L'EMPLOI DES AUXILIAIRES.

264. Le verbe *avoir* marque l'action : *J'ai aimé ;* le verbe *être*, l'état : *Je suis aimé ;* d'où il résulte que toutes les fois qu'on a en vue d'exprimer l'action du sujet, il faut employer l'auxiliaire *avoir* dans les temps composés des verbes attributifs, et l'auxiliaire *être*, quand on a en vue d'exprimer l'état, la situation.

265. Conséquemment les verbes *actifs*, exprimant tous une action ou un sentiment, se conjuguent tous avec *avoir* : *J'ai lu.*

266. Les verbes *passifs*, exprimant tous un état, une situation, se conjuguent tous avec *être : Je suis aimé.*

267. Cependant, quoiqu'il y ait action, une raison d'euphonie a fait préférer *être* à *avoir* pour tous les verbes qui se conjuguent avec deux pronoms de la même personne.

On dit donc : *Je me suis flatté*, *il s'en est allé*, *nous nous sommes promenés*, pour éviter ce qu'il y aurait de dur dans *je m'ai flatté*, *il s'en a allé*, *nous nous avons promenés.*

268. Quant aux verbes *neutres*, la plupart exprimant une action, se conjuguent avec l'auxiliaire avoir: *J'ai voyagé.*

269. Les verbes neutres *aller*, *arriver*, *décéder*, *éclore*, *mourir*, *venir*, et leurs composés, prennent l'auxiliaire *être*, par la raison que, dans les temps composés, au lieu de marquer la transition d'un état à un autre, ces verbes expriment tout simplement une action accomplie, un fait consommé : *Je suis arrivé d'hier ; il est mort d'apoplexie.*

270. Un certain nombre de verbes neutres, comme

accourir, *disparaître*, *monter*, *descendre*, *entrer*, *sortir*, etc., prennent tantôt *avoir* et tantôt *être* :

Ils prennent *avoir*, quand c'est l'action même du verbe que l'on a en vue : *Elle a disparu subitement.*

Ils prennent *être*, quand l'état est l'idée principale que l'on veut exprimer : *Elle est disparue depuis hier.*

271. *Remarque.* Plusieurs de ces verbes s'emploient quelquefois activement, c'est-à-dire avec un régime direct ; et alors ils prennent, comme les verbes actifs, l'auxiliaire *avoir*. *J'ai monté vos livres.*

272. Quelques verbes neutres changent de signification en changeant d'auxiliaire ; tels sont : *Convenir*, *demeurer*, *échapper*, *rester*, etc :

*Cette maison m'*A *convenu ; je* SUIS *convenu du prix.*

DE L'EMPLOI DES MODES ET DES TEMPS.

273. On emploie le présent au lieu du passé pour rendre l'expression plus vive.

Il brave la mort et devient le vainqueur de son ennemi.

Il faut alors que tous les verbes qui expriment l'action qu'on a en vue de peindre soient au même temps.

274. Généralement, on ne doit pas employer l'imparfait pour exprimer une chose qui a lieu dans tous les temps ou à l'instant de la parole.

Ne dites donc pas : *J'ai compris que Dieu* ÉTAIT *juste*, car Dieu est juste dans tous les temps ; ni : *J'ai su que tu* DEMEURAIS *chez ton oncle* (la personne y demeure encore) ;

Mais dites : J'ai compris que Dieu est juste ; *J'ai su que tu* DEMEURES *chez ton oncle.*

275. Le *passé défini* et le *passé indéfini* expriment l'un et l'autre des faits accomplis, une époque écoulée, mais avec cette différence que :

276. Le *passé défini* exige que le jour où l'on parle ne fasse pas partie du temps auquel se rapporte l'action : *Il vint ici l'an dernier; je le vis hier.* (Le jour où l'on parle ne fait point partie du temps exprimé par *l'an dernier* et *hier.*)

277. Le *passé indéfini* s'emploie pour un temps entièrement passé ou non : *Je l'ai vu hier, je l'ai vu aujourd'hui.*

278. Le *plus-que parfait*, exprimant une action passée avant une autre également passée, ne doit pas s'employer pour le passé et réciproquement.

Ainsi l'on dira avec le *plus-que-parfait : J'avais fini hier quand il entra.*

Et : *J'ai fini hier mon devoir.*

279. Le *conditionnel* s'emploie souvent sans expression conditionnelle :

Il s'était imaginé qu'on le CROIRAIT *sur sa parole.*

280. Mais le *conditionnel* ne doit pas s'employer pour le *futur* quand il s'agit d'un fait certain.

Ne dites donc pas : *On m'a assuré qu'il viendrait bientôt.*

Mais dites : *On m'a assuré qu'il* VIENDRA *bientôt.* Puisqu'il s'agit simplement d'un fait certain qui doit arriver sans aucune idée de condition.

On ne doit pas non plus employer le *conditionnel passé* pour le *conditionnel présent.*

On ne dira donc pas : *J'étais persuadé que vous* SERIEZ VENU ; mais : *Que vous* VIENDRIEZ.

DE L'EMPLOI DU SUBJONCTIF.

281. On emploie généralement le subjonctif :

1° Après un verbe ou une expression qui marque le

doute, le désir, la crainte, etc. : *Il désire, il exige que vous* VENIEZ.

2° Après les verbes accompagnés d'une négation ou qui expriment une interrogation : *Je ne crois pas, croyez-vous qu'il* VIENNE ?

3° Après un verbe unipersonnel : *Il faut que vous* PARTIEZ.

4° Après les pronoms relatifs *qui, que, dont,* quand ces pronoms sont précédés de *peu, le plus, le moins, le seul : C'est l'homme le plus aimable que je* CONNAISSE.

5° Après certaines locutions conjonctives ; telles sont : *Afin que, bien que,* etc. : *Bien que vous le souhaitiez, je ne le puis.*

DE L'EMPLOI DES TEMPS DU SUBJONCTIF.

282. 1re RÈGLE. Après le *présent* ou le *futur* de l'*indicatif,* on met le *présent* du subjonctif, si l'on veut un *présent* ou un *futur :*

Il faut, il faudra que vous LISIEZ *maintenant, demain.*

Et au *passé* du *subjonctif,* si l'on veut exprimer un *passé :*

Je ne crois pas, personne ne croira que vous ayez travaillé hier.

283. EXCEPTION. Au lieu du présent, on emploie l'*imparfait* du subjonctif, et au lieu du passé, on emploie le *plus-que-parfait,* quand le verbe au subjonctif est suivi d'une expression conditionnelle et que le verbe de l'expression conditionnelle est à un passé :

Je ne crois pas que vous TRAVAILLASSIEZ, *si l'on ne vous y forçait.*

Je ne crois pas que vous EUSSIEZ TRAVAILLÉ, *si l'on ne vous y* AVAIT FORCÉ.

284. 2e RÈGLE. Quand le premier verbe est à l'un des *passés* ou au *conditionnel,* on met le second verbe à l'*imparfait* du *subjonctif,* si l'on veut exprimer un

présent ou un *futur;* et au *plus-que-parfait*, si l'on veut exprimer un *passé :*

Je désirerais que vous VINSSIEZ *me voir demain.*

Aurait-on jamais pensé qu'il EUT *si bien* RÉUSSI.

285. EXCEPTION. Le verbe au subjonctif se met au présent, même après les passés et le conditionnel quand on veut exprimer une chose habituelle et de tous les temps :

Doutiez-vous, auriez-vous douté que la lune ne REÇOIVE *sa lumière du soleil?*

DE L'EMPLOI DE L'INFINITIF.

286. L'infinitif peut être employé comme sujet et comme régime.

LIRE *et* ECRIRE *font toutes ses occupations.*

Veuillez ENTRER.

287. Si l'emploi de l'infinitif ne produit aucune équivoque, il faut le préférer à tout autre mode, parce qu'il donne à la phrase plus de rapidité et de vigueur.

Il est donc mieux de dire : *Mon frère est certain de réussir*, que de dire : *Mon frère est certain qu'il réussira.*

QUESTIONS SUR LE VERBE.

248. Quels sont les cas où le verbe ayant plusieurs sujets, reste au singulier?

249. C. fait-on accorder le v. avec plusieurs sujets unis par *on*, et de différentes personnes.

250. C. fait-on accorder le verbe avec plusieurs sujets unis par *ou*, quand il s'agit de faits généraux?

251. ... Quand les sujets sont unis par *comme*, etc?

252. Quand est-ce que deux sujets liés par *ni*, veulent le verbe au pluriel ?
253. Quand est-ce que ces mêmes sujets veulent le verbe au singulier ?
254. Quel nombre demande *l'un et l'autre*?
255. A quel nombre met-on le v *être* précédé de *ce* ?
256. A quel nombre met-on le verbe qui a un sujet collectif ?
257. Un verbe peut-il avoir 2 compléments directs et 2 indirects
258. Le même mot peut-il servir de complément à plusieurs verbes ?
259. Que faut-il faire quand 2 verbes veulent des compléments différents ?
260. . . . . quand ils ont des compl. indir. différents ?
261. Quand un verbe a 2 compl. différents, quel est celui qui se place le premier ?
262. Quand les compl. sont d'égale longueur, quel est celui qui se place le premier ?
263. Quelle est l'exception à cette règle ?
264. Q. R. V. sur la signification et l'emploi des auxiliaires ?
265. Avec quel auxiliaire se conjuguent les v. actifs ?
266. . . . . les v. passifs?
267. Q. R. V. sur les verbes réfléchis ?
268. Quel auxiliaire demandent les v. neutres ?
269. Quels sont les v. neutres qui prennent *être* ?
270. Quels sont ceux qui prennent tantôt *être*, tantôt *avoir*, et dans quel cas ?
271. N'y a-t-il pas des verbes neutres qui s'emploient activement ?
272. N'y en a-t-il pas qui changent de signification en changeant d'auxiliaire ?

273. N'emploie-t on pas le *présent* pour le *passé ?*
274. Q. R. V. sur l'emploi de l'*imparfait ?*
275. Qu'expriment le *passé défini* et le *passé indéfini ?*
276. Dans quel cas doit-on se servir du *passé défini ?*
277. . . . . du *passé indéfini ?*
278. Q R. V. sur l'emploi du *plus-que-parfait ?*
279. . . . . *conditionnel ?*
280. Dans quel cas doit-on employer le *conditionnel ?*
281. . . . . le *subjonctif ?*
282. Quand est-ce qu'on emploie le *présent* et le *passé du subjonctif ?*
283. Quelle est l'exception à cette règle ?
284. Quand est-ce qu'on emploie l'*imparfait* et le *plus-que-parfait du subjonctif ?*
285. Quelle est l'exception à cette règle ?
286. De quelle manière l'*infinitif* peut-il être employé ?
287. L'*infinitif* est-il préférable aux autres modes?

CHAPITRE VII.

DU PARTICIPE PRÉSENT.

288. Le participe présent est toujours invariable :

Un homme LISANT, *une femme* LISANT, *des hommes* LISANT, *des femmes lisant.*

289. Il ne faut pas confondre le participe présent avec certains adjectifs verbaux qui se terminent aussi en *ant.* Comme tout autre adjectif, l'adjectif verbal s'accorde en genre et en nombre avec le nom qu'il qualifie.

Des hommes OBLIGEANTS, *des femmes* OBLIGEANTES.

290. Le participe présent exprime une action, et peut se remplacer par un autre temps du verbe précédé de *qui* ou d'une des conjonctions, *comme*, *lorsque*, *puisque*, etc.

Des personnes OBLIGEANT *tout le monde*. On peut dire : *qui obligent*.

Cette pomme vous APPARTENANT, *vous pouvez la manger*. On peut dire: *Comme cette pomme vous appartient*, etc.

291. L'adjectif verbal marque l'état, la manière d'être du mot qu'il qualifie, et peut se construire avec un des temps du verbe *être*.

Voilà *des enfants* CHARMANTS. On peut dire : *des enfants qui* SONT *charmants*.

QUESTIONS SUR LE PARTICIPE PRÉSENT.

288. Le participe présent est-il toujours invariable?
289. Avec quel autre mot faut-il se garder de confondre le participe présent?
290. Q. R. V. sur le participe présent?
291. Q. R. V. sur l'adjectif verbal?

CHAPITRE VIII.

DU PARTICIPE PASSÉ.

REMARQUES PARTICULIÈRES SUR QUELQUES PARTICIPES.

1. *Participes* vu, lu, approuvé, etc.

292. Les participes *vu*, *lu*, *approuvé*, *certifié*, *passé*, *supposé*, etc., sont invariables quand ils précèdent le mot qu'ils qualifient, et varient quand ils le suivent.

VU *ces faits*; APPROUVÉ *l'écriture ci-dessus*.

Ces faits VUS ; *l'écriture ci-dessus* APPROUVÉE.

II. *Participe suivi d'un infinitif.*

293. Le participe, suivi immédiatement d'un infinitif, s'accorde quand il a pour complément direct le pronom qui précède, et reste invariable s'il a pour complément direct l'infinitif qui suit.

Le pronom est complément direct du participe, toutes les fois que le nom dont il tient la place fait l'action exprimée par l'infinitif. Alors on peut placer le nom ou le pronom entre le participe et l'infinitif, et changer cet infinitif en participe présent.

Les femmes QUE *j'ai* ENTENDUES *chanter.*

J'ai entendu qui ? — *les femmes chantant.*

Les cantiques que j'ai ENTENDU *chanter.*

J'ai entendu *quoi ?* — *chanter* des cantiques.

294 1re *Remarque.* Le participe *fait* suivi d'un infinitif est toujours invariable, parce que le complément n'appartient ni à *fait* ni à l'infinitif, mais aux deux verbes réunis.

Les enfants que j'ai fait lire.

295. 2e *Remarque.* Après les participes des verbes *devoir, pouvoir et vouloir,* l'infinitif est quelquefois sous-entendu ; dans ce cas le participe reste invariable, parce qu'il a pour régime direct l'infinitif sous entendu :

Je lui ai rendu tous les services que j'ai DÛ, PU ou VOULU (sous-entendu *lui rendre.*)

Mais ces participes seront variables dans ces phrases : *Il m'a payé les sommes qu'il m'a* DUES ; *il veut fortement les choses qu'il a une fois* VOULUES, parce qu'il n'y a pas ici d'infinitif sous-entendu, et que le participe a pour complément direct le *que* relatif qui précède.

III. *Participe entre deux* que.

296 Le participe placé entre deux *que* est ordinaire-

ment invariable, parce qu'il a presque toujours pour complément direct la fin de la phrase et non le premier *que :*

Les embarras que j'avais PRÉVU *que vous auriez.*

J'avais prévu *quoi? que vous auriez des embarras.*

IV. *Participe ayant* l' *pour complément direct.*

297. Le participe est invariable quand il a pour complément direct *l'* représentant un membre de phrase, parce qu'alors *l'* équivalant à *cela*, est toujours du masculin et du singulier.

Cette ville n'est pas si belle que je L'*avais* CRU.

J'avais cru *quoi? — cela* (que cette ville était plus belle qu'elle ne l'est.

V. *Participe précédé de* le peu.

298. Le participe précédé de *le peu* et d'un nom, s'accorde avec le nom, lorsque *le peu* signifie une petite quantité, et que le sens de la phrase permet de le supprimer.

Mais si *le peu* signifie le manque, et qu'on ne puisse pas le supprimer sans nuire au sens de la phrase, le participe reste invariable.

Ainsi on écrira avec accord :

Le peu d'application QU'*il a* DONNÉE *à ses devoirs a cependant suffi pour accélérer ses progrès.*

Et sous-accord : *le peu d'application* QU'*il a* DONNÉ *à ses devoirs a nui beaucoup à ses progrès.*

Le sens ne permet pas de dire, en supprimant *le peu : l'application qu'il a donnée à ses devoirs a nui...*, mais, *le défaut, le manque d'application...* .

VI. *Participe précédé du pronom* en.

299. Le pronom *en* signifiant *de cela* et ne pouvant exprimer qu'une partie des personnes ou des choses auxquelles il se rapporte, ne peut être com plément direct, ni conséquemment faire varier le participe.

Ainsi l'on écrira sans accord : *Ces pêches étant mûres, nous en avons* CUEILLI, *nous en avons* MANGÉ ; c'est-à-dire *nous avons cueilli et mangé*, non toutes les pêches dont on parle, mais seulement une partie.

Mais on écrira avec accord : *Je* LES *en ai* REMERCIÉS; *nous* NOUS *en sommes* CHARGÉS. Parce que, indépendamment du pronom *en*, les participes *remerciés*, *chargés*, sont précédés de leurs compléments directs *les*, *nous*.

QUESTIONS SUR LE PARTICIPE PASSÉ.

292. C. s'accordent les participes, *vu*, *lu*, etc.?
293. C. s'accorde le participe suivi d'un infinitif?
294. Le participe *fait*, suivi d'un infinitif, est-il variable?
295. Q. R. V. sur les participes des verbes *devoir*, *pouvoir* et *valoir*?
296. Q. R. V. sur le participe entre deux *que*?
297. . . . . . sur le participe qui a *l'* pour complément direct?
298. . . . . . sur le participe précédé de *le peu*?
299. . . . . . sur le participe précédé de *en*?

CHAPITRE IX.

DE L'ADVERBE.

300. *Dessus*, *dessous*, *dedans*, *dehors*, étant adverbes, ne veulent pas de complément.

Ainsi ne dites pas : DESSUS *le pavé*, DESSOUS *la table.*

Mais dites : *Sur le pavé*, *sous la table.*

Cependant ces adverbes sont considérés comme préposition et peuvent avoir un complément,

1° Quand ils sont mis en opposition : *Il n'est ni dessous, ni dessus la table.*

2° Quand ils sont précédés d'une préposition : *Pardessus les murs ; tirez-le de dessous la table.*

301. *Alentour*, *auparavant*, *davantage* rejettent également tout complément.

Ne dites pas : *Alentour du jardin ; auparavant que vous partiez.*

Dites : *Autour du jardin ; avant que vous partiez.*

DE LA NÉGATION.

302. Les négations sont : *Non*, *ne*, *ne pas*, *ne point*. *Ne* est la plus faible ; *ne point* est la plus forte ; *ne pas* tient le milieu :

Je ne sais, je ne sais pas, je n'en veux point.

303. *Non* s'emploie le plus souvent dans un sens opposé à *oui* :

Votre frère est-il ici : — Non.

304. *Ne* se met toujours après *à moins que*, *de peur que*, *de crainte que*, et le verbe *empêcher* :

A moins qu'il ne parte ; de crainte qu'il ne tombe.

Ne est de rigueur après les comparatifs *plus*, *moins*, *mieux* ; après *autre*, *autrement* ; après *craindre* et ses synonymes :

Il est plus à plaindre qu'on NE *croit.*

Cependant, si *plus*, *moins*, *mieux*, *autre*, *autrement*, *craindre* et ses synonymes étaient accompagnés d'une négation, il n'en faudrait point avec le verbe suivant :

Il n'agit pas autrement qu'il parle ; je ne crains pas qu'il vienne.

305. *Remarque:* Après ces verbes *craindre*, *appréhender*, etc., on supprime *pas* et *point*, lorsqu'il s'agit d'un effet qu'on ne désire pas :

Je crains que vous ne perdiez votre procès.

Au contraire, il faut *pas* ou *point* quand il s'agit d'un effet qu'on désire :

Je crains que ce fripon ne soit pas puni.

Il en est de même après les locutions conjonctives *de crainte que*, *de peur que*.

306. On n'emploie jamais *ne* après le verbe *défendre* et les locutions conjonctives *avant que*, *sans que* :

J'ai défendu que vous vous amusassiez avant que vous ayez fait votre devoir.

Et non : *Avant que vous* N'*ayez fait votre devoir.*

QUESTIONS SUR L'ADVERBE.

300. Q. R. V. sur *dessus*, *dessous*, *dedans*, *dehors*?
301. . . . . . . *alentour*, *auparavant*, *davantage*?
302. Quelles sont les négations?
303. Quel est l'emploi de *non*?
304. . . . . *ne*?
305. Dans quel cas faut-il empl. ou sup. *pas*, *point*?
306. . . . . *ne*?

CHAPITRE X.

DE LA PRÉPOSITION.

307. *Au travers* demande la préposition *de*; *à travers* la rejette :

Au travers DES *ennemis*; *à travers les ennemis.*

308. *En face, près, proche, hors, vis-à-vis*, sont ordinairement suivis de la préposition *de* :

Il est en face de, près de, proche de l'ennemi.

309. *Entre* et *parmi* ne s'emploient pas indifféremment.

Entre se dit de deux objets : *Entre le ciel et la terre.*

Parmi demande toujours un pluriel ou un nom collectif : *Parmi les hommes, parmi le peuple.*

310. *Quant à, quand.*

Quant à est une locution prépositive qui signifie : *pour ce qui est de* : *Quant à moi, j'y consens.*

Quand est une conjonction qui signifie *lorsque, dans le temps que* : *Quand j'aurai fini, je partirai.*

311. *A, de, en,* se répètent devant chaque complément :

Il aime A *lire et* A *écrire; j'ai besoin* DE *vous et* DE *lui; il a voyagé* EN *Asie,* EN *Afrique et* EN *Amérique.*

QUESTIONS SUR LA PRÉPOSITION.

307. Q. R.-V. sur *au travers, à travers?*
308. . . . . *en face, près, proche,* etc?
309. . . . . *entre* et *parmi?*
310. . . . . *quant à, quand?*
311. . . . . *à, de, en?*

CHAPITRE XI.

DE LA CONJONCTION.

312. La conjonction *et* sert à lier plusieurs mots semblables et plusieurs parties de phrases, pourvu qu'elles ne renferment point de négation :

Il aime le travail et l'étude; j'ai acheté cette maison et l'ai revendue aussitôt.

313. Quoique la préposition *sans* renferme une négation, on la fait précéder de *et* quand elle se répète : *Sans force* ET *sans vertu.*

314. *Ni*, conjonction, ne se met qu'après une négation :

Il ne boit ni ne mange depuis deux jours.

315. Les adverbes *plus*, *moins*, *mieux*, répétés, ne doivent point être unis par *et.*

Dites : *Plus on le connaît, plus on l'estime.*

Et non : *Plus on le connaît* ET *plus on l'estime.*

QUESTIONS SUR LA CONJONCTION.

312. Quel est l'usage de la conjonction *et*?
313. Comment s'emploie *et* conjointement avec *sans* ?
314. Quel est l'emploi de la conjonction *ni*?
315. *Et* peut-il unir *plus*, *moins*, *mieux*, répétés?

CHAPITRE XII.

DE L'INTERJECTION.

316. *Ah!* marque la joie, la douleur : *Ah! quel plaisir! ah! que je souffre!* (*ah!* se prononce lentement).

Ha, exprime la surprise : *Ha! vous voilà!* (*ha!* se prononce rapidement.)

317. *Oh!* marque un sentiment profond et se prononce lentement : *Oh! qu'il est cruel de n'espérer plus!*

Ho! marque un sentiment subit et se prononce rapidement : *Ho! que dites-vous là!*

O! sert à l'apostrophe, c'est-à-dire quand on adresse la parole à quelqu'un : *O mon Dieu! ô mon père!*

318. *Eh!* exprime la douleur, la surprise : *Eh! qui n'aurait pleuré à ce spectacle?*

Hé! sert à appeler, à avertir: *Hé! venez donc.*

319. *Eh bien! hé bien!* expriment l'exhortation ou l'interrogation ; *Hé bien! qu'attendez vous?*

QUESTIONS SUR L'INTERJECTION.

316. Quelle différence y a-t-il entre *ah!* et *ha?*
317. . . . . entre *oh! ho* et *ô?*
318. . . . . entre *eh!* et *hé?*
319. Qu'expriment *eh bien! hé bien?*

CHAPITRE XIII.

DE L'ORTHOGRAPHE.

320. L'*orthographe* est l'art d'être correct dans l'emploi des *lettres* et des *signes orthographiques* d'une langue.

321. Les *lettres*, comme on le sait, sont les caractères qui composent l'alphabet.

322. Les *signes orthographiques* sont : les *accents*, l'*apostrophe*, la *cédille*, le *tréma* et le *trait d'union*.

DE L'EMPLOI DES LETTRES.

DES CONSONNES.

323. On connaît ordinairement la consonne finale des mots par la dérivation.

Ainsi on reconnaît que les consonnes *b*, *c*, *d*, *g*, *l*, *m*, *p*, *r*, *s*, *t*, terminent les mots :

Plomb,		Plomber.
Accroc,		Accrocher.
Marchand,		Marchander.
Rong,		Ronger.
Fusil,	à cause des dérivés	Fusiller.
Parfum,		Parfumer.
Drap,		Draper
Boulanger,		Boulangère.
Repos,		Reposer.
Profit,		Profiter.

324. Quoique cette règle s'applique à un nombre immense de mots, elle est cependant sujette à un grand nombre d'exceptions que l'usage fera connaître : *Dépôt*, *déposer* ; *dix*, *dizaine* ; *legs*, *léguer*, *etc.*

325. On trouve généralement la finale des adjectifs et des participes passés, en se demandant comment ils font au féminin.

Ainsi on connaîtra la finale des adjectifs

Grand,		Grande.
Vert,	par le féminin	Verte.
Gris,		Grise.

326. On emploie *m* au lieu de *n* devant *b* et *p*. *Tombeau*, *compte*.

Excepté dans *bonbon*, *bonbonnière*, *embonpoint*.

327. Les consonnes ne se doublent pas :

1° Après un *e* muet : *Acheter*, *appeler*.

2° Après une voyelle portant un accent : *Blâme*, *tête*.

Excepté dans *châsse*, *châssis* et leurs dérivés.

3° Après un son nasal : *Entier, quantité*.

Excepté dans *ennoblir, ennui* et leurs dérivés.

DES MAJUSCULES.

328. Il faut commencer par une majuscule, chaque phrase, chaque vers, chaque alinéa, tous les noms propres; ceux de dignité, de science, d'arts et métiers, quand ils font le principal sujet du discours. *Dieu, la France, les Français, le Roi a été sacré à Rheims.*

DE L'EMPLOI DES SIGNES ORTHOGRAPHIQUES.

DES ACCENTS.

329. L'accent aigu (´) se met sur la plupart des *é* fermés : *Étendue, académie, achevé, répété.*

On dit sur la plupart parce qu'il y a beaucoup d'*e* fermés qui ne prennent pas d'accent; tels sont ceux qui sont suivis de *x* : *Examen, exemple*; ou de *r, z* final : *Venez dîner.*

330. L'accent grave (`) se met :

1° sur la plupart des *è* ouverts suivis d'une *s*, lorsqu'ils sont à la fin des mots : *Procès, succès.*

2° Sur les *è* ouverts suivis d'une consonne simple commençant la dernière syllabe d'un mot : *Père, mère, ils arrivèrent.*

3° Sur *à, dès, où, là*, pour les distinguer, savoir :

À, préposition, de *a*, verbe : *Il a été à Rome;*

Dès, prép., de *des*, article composé : *Dès ce soir; voilà des livres;*

Où, adverbe, de *ou*, conjonction : *Où est-il? Ou c'est un sot, ou il nous trompe;*

Là, adverbe, de *la*, article et pronom : *Je vais là; la lune, je la vois;*

4° Sur *çà* ; *déjà*, *voilà*, etc.

331. L'accent circonflexe (^) se met sur la plupart des voyelles longues : *Apôtre*, *tête*, *bâtir*.

Sur *dû*, *redû*, *mû* et *crû*, lorsqu'ils sont participes passés des verbes *devoir*, *mouvoir* et *croître*, mais seulement quand ils sont au singulier masculin; ainsi que sur les adjectifs *mûr*, *sûr*.

DE L'APOSTROPHE.

332. L'apostrophe (') marque le retranchement d'une des voyelles *a*, *e*, *i*, dans les mots *le*, *la*, *je*, *me*, *te*, *se*, *si*, etc., suivis d'un mot commençant par une voyelle ou une *h* muette.

Ainsi l'on dit : *L'âme* pour *la âme*, *j'aime* pour *je aime*, *s'il vient* pour *si il vient*, etc.

DE LA CÉDILLE.

333. La cédille (¸) se place sous le *c* devant les voyelles *a*, *o*, *u*, quand ce *c* doit avoir le son de *s*, comme dans *façade*, *leçon*, *reçu*.

DU TRÉMA.

334. Le tréma (¨) est un double point qu'on met sur une voyelle pour la faire prononcer séparément de celle qui précède ; *Naïf*, *Saül*, *ciguë*.

DU TRAIT D'UNION.

335. Le trait d'union (-) sert à marquer la liaison qui existe entre plusieurs mots.

336. On l'emploie :

1° Pour lier plusieurs mots qui, par le sens, n'en font qu'un : *Chef-lieu*, *Saône-et-Loire*.

2° Entre le verbe et les pronoms *je*, *tu*, *il*, *ce*, *on*, etc., mais seulement lorsque ces pronoms sont après le verbe et qu'ils en sont le sujet ou le régime : *Suis-je*, *prenez-le*.

Quand il y a deux pronoms, on met deux traits d'union : *Donnez-le-moi*.

3° Entre les adjectifs de nombres composés, lorsqu'il y a addition, comme *dix-huit*, *vingt-quatre*.

QUESTIONS SUR L'ORTHOGRAPHE.

320. Qu'est-ce que l'orthographe?
321. Q. les lettres?
322. Quels sont les signes orthographiques?
323. C. connaît-on la consonne finale des mots?
324. Cette règle a-t-elle des exceptions?
325. C. trouve-t-on la finale des adjectifs?
326. Q. R. V. sur la lettre *n*?
327. Quand est-ce que les cons. ne se doublent pas?
328. Quand faut-il employer les majuscules?
329. Où se met l'accent aigu?
330. . . . . grave?
331. . . . . circonflexe?
332. Que marque l'apostrophe?
333. Où se place la cédille?
334. Q. le tréma?
335. Quel est l'usage du trait d'union?
336. Dans quels cas faut-il l'employer?

CHAPITRE XIV.

DE LA PONCTUATION.

337. On entend par *ponctuation* certains signes qui servent à marquer la distinction des sens, et les pauses qu'on doit faire en lisant.

338. Les signes de la ponctuation sont : *La virgule, le point-virgule, les deux points, le point, le point interrogatif, le point exclamatif, les points de suspension, le trait de séparation, les guillemets et la parenthèse.*

DE LA VIRGULE.

339. La *virgule* (,), indiquant une très-petite pause, sert :

1° A séparer des noms, des adjectifs ou des verbes qui se suivent : *La candeur, la simplicité, la docilité sont les vertus de l'enfance.*

2° A distinguer les différentes parties d'une phrase : *L'étude rend savant, et la réflexion rend sage.*

3° A remplacer un verbe sous-entendu : *Le printemps donne des fleurs, et l'automne des fruits.*

4° A séparer toute phrase ou tout membre de phrase que l'on peut retrancher sans altérer le sens de la phrase principale : *Le temps, qui fuit sur nos plaisirs, semble s'arrêter sur nos peines.*

DU POINT VIRGULE.

340. Le *point virgule* (;), qui marque une pause un peu plus longue que la virgule seule, s'emploie pour séparer deux phrases dont l'une dépend de l'autre : *La douceur est une vertu ; mais elle ne doit pas dégénérer en faiblesse.*

DES DEUX POINTS.

341. On emploie les deux points (:)

1° Après une phrase suivie d'une autre qui sert à l'étendre ou à l'éclaircir : *Ne racontons jamais le bien que nous faisons : les bonnes actions doivent être muettes.*

2° Avant une citation ou une énumération : *Alors Narbal dit : Vous voyez, ô Télémaque, la puissance des Phéniciens.*

Tout plaît dans cet ouvrage : la finesse des remarques, la justesse des pensées, le choix des exemples.

DU POINT.

342. Le *point* (.) indique la pause la plus longue, et se met à la fin des phrases entièrement terminées : *Une bonne conscience est préférable aux richesses.*

DU POINT INTERROGATIF.

343. Le point *interrogatif* (?) se met à la fin d'une phrase interrogative : *Que voulez-vous ?*

DU POINT EXCLAMATIF.

344. Le point *exclamatif* (!) se met après les phrases qui marquent l'exclamation :

O nuit ! nuit effroyable ! ô funeste sommeil !

DES POINTS DE SUSPENSION.

345. Les *points de suspension* (....) se mettent à la suite d'une phrase interrompue à dessein pour annoncer le trouble dans les idées de celui qui parle, ou pour laisser à deviner au lecteur ce qu'on ne veut pas lui dire :

Craignez ma colère ; craignez que je....

DU TRAIT DE SÉPARATION.

346. Le trait de *séparation* (–) indique un changement d'interlocuteur, et sert à éviter la répétition des mots *dit-il*, *répondit-il*, etc.

Votre frère est-il ici ? — Non. — Où est-il ? — A la maison.

DES GUILLEMETS.

347. Les *guillemets* (« ») servent à renfermer une citation :

La conscience ne cesse de crier au méchant : « Tes crimes secrets ont été vus. »

DE LA PARENTHÈSE.

348. La *parenthèse* ( ) sert à renfermer quelques mots détachés :

A ce choc (j'en frémis encore) le vaisseau s'entr'ouvrit et disparut à tout jamais.

QUESTIONS SUR LA PONCTUATION.

337. Qu'entend-on par *ponctuation* ?
338. Quels sont les signes de ponctuation ?
339. A quoi sert la *virgule* ?
340. . . . le *point-virgule* ?
341. . . . les *deux points* ?
342. . . . le *point* ?
343. . . . le point *interrogatif* ?
344. . . . le point *exclamatif* ?
345. . . . le *point de suspension* ?
346. . . . le trait de *séparation* ?
347. . . . les *guillemets* ?
348. . . . la *parenthèse* ?

CHAPITRE XV.

DE L'ANALYSE GRAMMATICALE.

349. Analyser grammaticalement, c'est décomposer une phrase pour indiquer la *nature* et l'espèce des mots qui la constituent, et la fonction qu'ils y remplissent.

350. L'analyse grammaticale comprend donc la *classification* et la *fonction* des mots.

DE LA CLASSIFICATION.

351. La classification a pour objet d'indiquer la *nature* d'un mot, son *espèce*, ses *modifications* et ses *accidents*

352. Indiquer la *nature* d'un mot, c'est dire s'il est nom, article ou adjectif, etc.

353. Indiquer l'*espèce* d'un mot, c'est dire, pour le nom, s'il est *propre*, *commun* ou *collectif*, et désigner son genre; pour l'article, s'il est *simple* ou *composé*; pour l'adjectif, s'il est *qualificatif* ou *déterminatif*, etc.; pour le pronom, s'il est *personnel* ou *possessif*, etc.; pour le verbe, s'il est *actif* ou *passif*, etc.; pour le participe, s'il est *présent* ou *passé*.

354. Indiquer les *modifications* que le sens d'une phrase peut faire subir aux mots; c'est désigner, pour le nom, le *nombre*; pour l'article et pour l'adjectif, le *genre* et le *nombre*; pour le pronom, la *personne*, le *genre* et le *nombre*; pour le verbe, la *conjugaison*, le *nombre*, la *personne*, le *mode* et le *temps*; pour le participe présent, la *conjugaison*, et pour le participe passé, la *conjugaison*, le *genre* et le *nombre*.

355. Les autres parties du discours étant invariables, ne sont susceptibles d'aucune modification.

356. Faire connaître les *accidents* d'un mot, c'est dire si le sens de la phrase où il est change sa nature ou s'il la lui conserve (n. 223, 224 et autres).

DE LA FONCTION DES MOTS.

357. On entend par *fonction* grammaticale d'un mot le rôle qu'il joue dans le discours.

La fonction du nom et du pronom est de figurer ou comme *sujet*, ou comme *régime*, etc.

Celle de l'article et des adjectifs déterminatifs est d'annoncer que le mot qu'ils accompagnent est pris dans un sens déterminé.

Celle de l'adjectif qualificatif est de qualifier le mot auquel il se rapporte, etc., etc.

MODÈLES D'ANALYSE GRAMMATICALE.

Le maître distribuera des prix à ses élèves.

Le............ article simple, masculin singulier, s'accordant avec *maître*, qu'il détermine.
maître......... nom commun, masculin, singulier, sujet de *distribuera*.
distribuera... verbe actif, 1re conjugaison, 3e personne du singulier, au futur de l'indicatif.
des............ article composé : *des* pour *de les* : *de* préposition et *les* article, masculin, pluriel, s'accordant avec *prix*, qu'il détermine.
prix............nom commun, masculin, pluriel, complément direct de *distribuera*.
à . . . . préposition.
ses. . . . . . . adj. poss., masc., pl., s'accordant avec *élèves*, qu'il détermine.
élèves . . . . nom com. masc. pl., compl. ind. de *distribuera*.

L'homme de bien est utile à ses semblables.

L' pour *le* . . article masc. sing. s'accordant avec homme, qu'il détermine.
homme. . . . nom com., masc., sing., sujet de *est*.
de . . . . . . préposition.
bien . . . . . nom com. masc. sing., compl. ind. de *homme*.
est. . . . . . . verbe substantif, à la 3e personne du présent de l'indicatif.
utile. . . . . adj. qual., masc., sing. s'accordant avec *homme*, qu'il qualifie.

à . . . . préposition.
ses . . . . adj poss. masc. pl., s'accordant avec *semblables*, qu'il détermine.
semblables . . adj. qual. masc. pl., pris substantivement, régime indirect de *utile*.

Nous aimons nos enfants comme vous chérissez les vôtres.

Nous. . . . . pronom pers., 1re pers. pl., sujet de *aimons*.
aimons . . . . v. act., au prés. de l'ind., 1re pers. du pl., 1re conj.
nos . . . . adj. poss. masc. pl., s'accordant avec *enfants*, qu'il détermine.
enfants . . . nom com. masc. pl., compl. dir. de *aimons*.
comme . . . conjonction.
vous . . . pr. pers., à la 2e pers. du pl., sujet de *chérissez*.
chérissez . . v. act., à la 2e pers. pl. du pr. de l'ind., 2e conj.
les vôtres. . . pr. pos. masc. pl., se rapportant à *enfants*, compl. dir. de *chérissez*.

Ces nouvelles se sont répandues.

Ces . . . . . . adj. démonst. f. pl., s'accordant avec *nouvelles*, qu'il détermine.
nouvelles. . . nom com. fém. pl., sujet de *sont répandues*.
se . . . . pron. pers., 3e pers. pl., se rapport. à *nouvelles*, compl. dir. de *sont répandues*.
sont répandues v. act., accidentellement réfl., à la 3e pers. pl. du passé indéf., 4e conj. Le part. *répandues* s'accorde avec son compl. dir. *se*, qui est avant.

Nous avons résolu les difficultés que nous nous étions proposées.

Nous	pron. pers., 1re pers. du pl., sujet de *avons résolu.*
avons résolu .	v. act. au passé indéf., 1re pers. du pl., 4e conj. Le part. est invar., le rég. dir. étant après.
les.	art. f. pl., s'accordant avec *difficultés*, qu'il détermine.
difficultés . .	nom com. f. pl., rég. dir. de *avons résolu.*
que	pron. conj., f. pl., comme son antécéd. *difficultés*, rég. dir. de *étions proposées.*
nous.	pron. pers., 1re pers. du pl., sujet de *étions proposées.*
nous	pron. pers., 1re pers. du pl., rég. indir. de *étions proposées.*
étions proposées	v. act. accidentellement réfl., au plus-que-parfait de l'ind., 1re pers. du pl., 1re conj. Le part. *proposées* s'accorde avec son rég. dir. *que*, placé avant.

CHAPITRE XVI.

DES LOCUTIONS VICIEUSES.

Ne dites pas :	*Dites :*
La maison à mon père, le livre à ma sœur.	La maison de mon père, le livre de ma sœur.
Il en a bien agi, il en a mal agi avec moi.	Il a bien agi, il a mal agi avec moi.
Dormir un bon somme.	Faire un bon somme.
Venir à bonne heure.	Venir de bonne heure.
Acheter, vendre bon marché	Acheter, vendre à bon marché.

Ne dites pas :	*Dites :*
Il est après lire, dîner.	Il est à lire, dîner.
La clé est après la porte.	La clé est à la porte.
Comme de juste.	Comme de raison, *ou* comme il est juste.
Crainte qu'il ne vienne.	De crainte qu'il ne vienne.
En outre de cela.	Outre cela.
Se dépêcher vite.	Se dépêcher.
Jouir d'une mauvaise santé, d'une mauvaise réputation.	Avoir une mauvaise santé, une mauvaise réputation.
L'idée lui a pris de...	L'idée lui est venue de...
Il fut forcé malgré lui de...	Il fut forcé de...
Par mégard.	Par mégarde.
Midi précise.	Midi précis.
Sur ou vers les midi.	Sur ou vers midi.
Rue passagère.	Rue passante, fréquentée.
Un petit peu.	Un peu.
Personne perclue.	Percluse.
Ces jours-ici.	Ces jours-ci.
Cet homme-ici.	Cet homme ci.
Il a recouvert la vue.	Il a recouvré la vue.
Tant pire.	Tant pis.
Je veux mon revange.	Je veux ma revanche.
Où restez-vous?	Où demeurez-vous.
Transvider.	Transvaser.
Il me tarde à vous voir.	Il me tarde de vous voir.
Pendant une heure de temps.	Pendant une heure.
Sans dessus desssus.	Sens dessus dessous.
Voyons voir.	Voyons.
Eclairez la chandelle.	Allumez la chandelle.
Je me suis laissé dire.	On m'a dit.
Se rappler de quelque chose.	Se rappeler quelque chose, *ou* se souvenir de quelque chose.

FIN DE LA GRAMMAIRE.

ERRATA.

Page 9, n° 44, il faut *mot* au lieu de *nom*.
» 18, 1re ligne id. *au* id. *un*.
» 33, 6e id. ajoutez *t* à *béni*.
» 40, 4e id. il faut *du pron.* id. *le pron.*
» 40, 5e id. id. *du part.* id. *le part.*
» 40, 6e id. id. *de la prép.* id. *la prép.*
» 40, 7e id. id. *de l'adv.* id. *l'adv.*
» 51, 9e id. supprimez *Je.*
» 66, n° 190 des questions, ajoutez *tantôt* après *pas.*
» 72, 5e ligne ajoutez *de.*
» 74, n° 219 il faut *ses frères* au lieu de *les frères.*
» 80, n° 239 id. *dernier* id. *premier.*

EXERCICES
ORTHOGRAPHIQUES
SUR LA GRAMMAIRE FRANÇAISE.

EXERCICES
SUR L'INTRODUCTION.

1° SUR LES ACCENTS.

Les élèves écriront à la dictée les noms ci-dessous et feront attention de placer les accents convenables où il en faut.

1. Café, décime, cave, cuve, cure, curé, loge, père, mère, zèle, zéro, bile, bise, déluge, défilé, facilité, férocité, limite, légume, négoce, numéro, mérite, misère, noce, côte, côté, colère, délire, député, malice, éloge, fête, été, étude, fidélité, fève, pâte, pâté, patte, pavé, robe, rêve, régime, prière, pêche, pèche, vérité, tête, agilité, besace, bèche, capacité, avidité, bière, cavité, carême, cerise, célérité, cirage, civilité, comité, libéralité, majorité, félicité, générosité, minorité, nativité, nudité, opéra, pureté, rapidité, rareté, rivalité, sécurité, solidité, sûreté, sévérité, timidité, témérité, sérénité, utilité, vanité, visage, unité, vivacité, aridité, voracité, véracité, amabilité, cage, calice, canapé, chemise, comète, cupidité, débilité, élève, charité, galère, lâcheté, légèreté, légitimité, modèle, démêlé, épée, épi, chèvre, mètre, célébrité, crèche, équité, piété, probité, procédé, prodigalité, rêverie, salubrité, sobriété, tempête, variété, tabatière, académie, amitié, bonté, caducité, cafetière, cérémonie, cimetière, comédie, conformité, congé, contrariété, créature, crédulité, crême, crudité, curiosité, décence, décrépitude, défectuosité, degré, dépense, dérision, déroute, dignité, élévation, émotion, épreuve, espèce, espérance, éternité, évangile, évêché, évêque, événement, extrémité, fermeté, fertilité, fierté, fièvre, flèche, liberté, égalité, fraternité, fragilité, frère, frivolité, frontière, génie, impiété, genièvre, idée, infirmité, lèvre, majesté, matière, mèche, nécessité, pièce, précipice, réponse, sincérité, sainteté, mémoire, péril, forêt, frénésie, épingle, dépêche, modération, piége, préface, privilége, propriété, prospérité, récit, récolte, réforme, révolte, répétition, santé, société, surdité, supériorité, stupidité, uniformité, volonté, abrégé, absurdité, caractère, âcreté, activité, clarté, antiquité, collége, assiduité, atrocité, brutalité, austérité, confédération, autorité, célébration, cautère, conférence, confrérie, conquête, contrée, création, crèpe, cruauté, débat, défaut, départ, dégénération, décret, dédain, dégoût, dépôt, énergie, épidémie, révélation, intrépidité, énormité, régularité, anxiété, armée, solidarité, dénégation, désir, répétition, république.

2° SUR LES H MUETTES.

2. Homme, humanité, habit, herbe, histoire, heure, hôpital, humidité, hiver, habitude, honneur, humilité, hostie, hommage, honnêteté, hérédité, hermite, huissier, hémisphère, hirondelle, hérésie, hostilité, héritage, horloge.

3° SUR LES H ASPIRÉES.

13. Haine, honte, hache, halle, haricot, hasard, hauteur, héros, herse, hibou, hoquet, horde, hotte, houille, hurlement, haie, hanneton, hameau.

4° SUR LES SYLLABES.

Le maître s'assurera si ses élèves savent distinguer chaque syllabe d'un mot en les faisant épeler et énumérer de cette manière : ca-fé, dé-ci-me, etc. (Voyez le 1er exercice, page 15).

EXERCICES

SUR LE NOM.

1° SUR LES NOMS PROPRES ET SUR LES NOMS COMMUNS.

Les élèves en copiant les noms ci-dessous, feront commencer chaque nom propre par une lettre majeure.

14. Rome, paris, lyon, ville, village, la france, un royaume, un empire, une république, le rhône, la loire, le vin, grenoble, le pain, mâcon, le blé, la farine, le froment, la terre, les alpes, les montagnes, césar, genève, les rivières, la saône, le grain, alexandre, les soldats, la fabrique, le coton, le languedoc, les provinces, la bourgogne, la savoie, l'arrondissement, le canton, beaujeu, villefranche, thizy, belleville, la maison, le lac, l'autriche, le jardin, la campagne, les liqueurs, cicéron, démosthène, boileau, rousseau, les forêts, les vignes, les prés, l'europe, l'asie, l'afrique, l'amérique, l'océanie, la science, l'argent, la rose, l'angleterre,

l'espagne, une région, une contrée, l'arabie, l'algérie, l'égypte, les pâturages, la mer, l'océan, une image, le visage, la corse, napoléon, martin, les saisons, les rochers, les arbres, les pyrénées, la table, le banc, philippe, constantin, victor, andré, charles, benoît, fénélon, télémaque, virgile, marseille, toulon, l'italie, charlemagne, les pommes, les poires, les fruits, les raisins, la russie, la suisse, la classe, le cahier, le papier, la vendée, bossuet, massillon, le bâtiment, la muraille, françois, marie; les français, les italiens, les romains, lamartine.

2° SUR LE GENRE DES NOMS.

Les élèves écriront les noms suivants par colonnes et en désigneront le genre en écrivant M *après chaque nom masculin, et* F *après chaque nom féminin, de cette manière :*

Le roi *m.*
La reine *f.*
Le lion *m.*, etc.

5. Le roi, la reine, le frère, la sœur, l'oncle, la tante, les garçons, les filles, les hommes, les femmes, les soldats, les officiers, un lion, une lionne, les bergers, les bergères, un loup, une louve, les paysans, les dames, les maîtres, les maîtresses, les princes, les princesses, la poule, le poulet, les boulangers, les tailleurs, un poisson, une carpe, le chien, le cheval, la jambe, le pied, la tête, le fouet, la folie, la barbe, la bourse, la boule, le globe, les globules, la chambre, les lits, le ciel, la lune, les étoiles, le canif, les plumes, les bancs, les chaises, le bassin, la barque, l'armée, le bataillon, les canons, les fleurs, les fruits, le front, la bouche, les leçons, la lecture, l'écriture, la force, le mérite, la fraude, la justice, le fouet, la misère, la danse,

le gosier, l'estomac, le monde, le ciel, le soleil, la lune, les étoiles, les planètes, le firmament, la main, les doigts, les larmes, la lumière, les lampes, un fil, un filet, un arc, une fronde, la joie, la tristesse, des graines, une goutte, les membres, l'âme, l'esprit, les heures et les minutes, le miel, les mots, des mouchoirs, les murs, les murailles, un moulin, du pain, du vin, la pente, les pierres, les pointes, la page, la parole, la pente, les perches, les raisins, les routes, les rues, du sable, du savon, des raves, les rochers, les cloches, les clochers.

On peut continuer par les exercices précédents, n° 1, 2, 3.

3° SUR LA FORMATION DU PLURIEL DANS LES NOMS.

Les élèves mettront au pluriel les noms ci-dessous, en désignant en même temps le genre de chacun d'eux, de cette manière :

SING.	PLUR.
La fleur,	les fleurs, *f.*
Le bouquet,	les bouquets, *m.*, etc., etc.

6. La fleur, le bouquet, la balle, le ballot, la balance, la bannière, le ballon, le balcon, le bal, la danse, le balai, la barque, la barrière, la banqueroute, le baquet, le crime, la confiance, le départ, la démarche, le délai, la division, la fable, la facture, la faucille, le festin, la noce, la folie, le blé, le froment, le fromage, le gilet, la gloire, la grâce, le nuage, l'objet, la note. la pensee, la place, la poudre, le pré, la terre, la procédure, le prétexte, la preuve, la qualité, le ravage, le regret, la révolution, le rivage, la royauté, la république, la science, le seigle, l'avoine, le sommeil, l'union, la force, l'usage, l'oracle, l'orage, l'ordre, l'origine,

l'industrie, la mesure, la méthode, le meuble, le ministre; la miséricorde, la mouche, l'insecte, l'image, le caractère, la porte, le gond, le goufre, le litre, le décalitre, le centilitre, le mètre.

4° SUR LES EXCEPTIONS A LA RÈGLE GÉNÉRALE POUR LA FORMATION DU PLURIEL DANS LES NOMS.

Les élèves continueront à écrire au sing. et au pl. les noms suivants, de cette manière :

SING.	PLUR.
Le fils,	les fils *m.*, etc., etc.

7. Le fils, le bras, le bas, le pays, le palais, le repas, le repos, l'avis, la brebis, le discours, le matelas, le décès, l'accès, le succès, le poids, le progrès, le procès, le bois, l'os, le corps, la croix, le prix, la paix, la voix, le choix, la noix, le mépris, le puits, le riz, la faux, le flux, le crucifix, le secours, l'abus.

Le tonneau, le tableau, le rideau, le manteau, le berceau, le fuseau, le chapeau, le bateau, le bandeau, le marteau, le ruisseau, le bureau, le fourneau, le niveau, l'eau, le carreau, le veau, l'agneau, le tombeau, le lambeau, le flambeau, le corbeau, la peau, le pinceau, le moineau, le joyau, le tuyau, le boyau, le feu, le jeu, le neveu, le lieu, le pieu, l'essieu, le milieu, le chou, le genou, le pou, le hibou, le caillou, le joujou, le bijou.

Le général, le caporal, le mal, le cheval, le canal, le capital, le total, le journal, le tribunal, le cardinal, le rival, l'amiral, l'arsenal, l'hôpital, l'original.

Le bail, le corail, le soupirail, le travail, un aïeul (ancêtre), aïeul (grand-père), l'œil, l'œil-de-bœuf, ciel.

EXERCICES

SUR L'ARTICLE.

1° SUR L'ARTICLE SIMPLE.

Les élèves placeront devant les noms suivants les articles simples, une fois au singulier et une autre fois au pluriel, en désignant le genre de chacun d'eux, de cette manière :

SING.	PLUR.
Le chemin ,	*les* chemins , *m.*
La route ,	*les* routes , *f.* , etc. , etc.

8. Chemin , route , mémoire , volonté , crainte , péril , bataille , plume , bonnet , bouteille , combat, pied , main , jambe , front , doigt , bain , balai , cultivateur, moulin , table , banc , balance , besoin, bienfait , citron , porte , clé , fable , fatigue , fauteuil , festin , fête , feuille , ligne , maladie, filature, fruit , gant , goût , lance , nid , nœud , paquet , patrie , lit , loi , ménage , pot , profit , projet , querelle , rang , nuit , jour, partie , provision , rapine , regard , retard , délai , retour , réveil , robinet , ruine , prophétie , pauvreté , perfidie , ruban , vent, saison , sentiment , salutation , fermeté.

2° SUR L'ARTICLE ÉLIDÉ.

On continuera à faire comme à l'exercice précédent.

9. Etude , ami , amitié , âme , an , année , air , agonie, idole, avidité , ancre , encre, encrier , envie, esprit , image , injure , injustice , intérêt , attente , attention , aumône , autorité , idée , instruction ,

éducation, éclair, aliment, agitation, agrafe, aiguille, aiguillon, alliance, ambition, analyse, engelure, âne, époux, épouse, épingle, épreuve, espoir, évangile, événement, ignorance, indigence, innocence, inquiétude, intrépidité, acte, addition, arme, armée, arc, ardoise, art, asile, aspect, assiette, assurance, atelier, aurore, aveu, arsenal, amiral, animal, eau, agneau, écriture, alène, haleine, amande, amende, écho, écot, étude.

3° SUR L'ARTICLE SIMPLE, TANT AVEC ÉLISION QUE SANS ÉLISION.

Les élèves copieront les 3 *premiers exercices, page* 115 *et suivantes, et placeront devant chacun des noms qui les composent les articles simples, tant élidés que non élidés, comme il conviendra.*

4° SUR L'ARTICLE COMPOSÉ.

Les élèves placeront alternativement tous les articles, soit simples, soit composés, devant chacun des noms qui suivent, au singulier et au pluriel, de cette manière :

Le livre, du livre, au livre, les livres, des livres, aux livres. La table, de la table, à la table, les tables, des tables, aux tables, etc., etc.

10. Livre, table, départ, faute, fruit, fusil, fils, jeu, mépris, mérite, métal, ministre, modèle, mouton, moulin, noyau, nuage, papier, peau, pot, pays, paix, paie, chou, clou, cheval, reste, raisin, prix, refuge, repos, repas, respect, tableau, soldat, visage, progrès, oiseau, canal, accident, accusation, amande, amende, bois, boulet, bourg, bras, dos, agneau, arbrisseau, bureau, cabinet, canif, plume, cerisier, cerise, complot, couteau, croix, palais, désir, dessein, dessin, esprit, fait, faix, fardeau,

alène, coq, coque, haleine, fauteuil, banc, feu, flamme, eau, seau, sceau, saut, suie, suif, fléau, fleuve, fuseau, gant, génie, genou, globe, habit, herbe, herbage, haine, honte, hameau, haricot, heure, histoire, homme, humanité, haie, cloison, clos, clôture, club, hiver, honneur, horloge, héros, héraut, zéro, joie, voie, voix, lit, livrée, livret, maître, mètre, mal, mâle, malle, matelas, loi, mariage, membre, mort, mors, mot, faîte, fête, miel, mets, maire, mère, mer, miracle, nid, noix, nuit, os, oracle, pair, paire, père, poil, pois, poix, poids, pied, ver, verre, vers, van, vent, vice, vis, avis, saule, sol, point, poing, pointe, poète, cou, coup, cor, corps, pou, pin, pain, vin, séjour, secours, recours, concours, tabac, champ, chant, chœur, cœur, compte, conte, faim, fin.

EXERCICES

SUR L'ADJECTIF DÉTERMINATIF.

—

Nota. Nous plaçons ici les adjectifs déterminatifs avant les qualificatifs pour que ces premiers fassent suite à l'article, qui peut et doit être considéré comme un véritable adjectif déterminatif.

1° SUR LES ADJECTIFS DÉMONSTRATIFS.

Les élèves placeront les adjectifs démonstratifs devant les noms qui suivent, une fois au singulier et une autre fois au pluriel, de cette manière :

Ce jardin, ces jardins, cette maison, ces maisons, etc., etc.

11. Jardin, maison, ami, étude, mérite, zèle, négoce, éloge, forêt, fête, robe, rêve, cœur, lèvre, nez, bouche, épée, épi, maître, maîtresse, procédé, tabatière, dépense, déroute, dignité, épreuve, espèce, espérance, génie, impiété, idée, infirmité, liberté, nécessité, pièce, réponse, mémoire, piége, privilége, propriété, volonté, austérité, conquête, contrée, cruauté, défaut, décret, dédain, armée, arme, âme, humeur, désir, homme, habit, haine, honte, herbe, histoire, heure, halle, haie, haricot, hôpital, habitude, hasard, héros, héraut, honneur, hommage, herse, hauteur, hibou, honnêteté, hirondelle, hoquet, hotte, ombre, horloge, hameau.

2° SUR LES ADJECTIFS POSSESSIFS.

Les élèves placeront les adjectifs possessifs devant les noms de l'exercice précédent n° 11, de cette manière :

Mon jardin, ton jardin, son jardin, notre jardin, votre jardin, leur jardin, mes jardins, tes jardins, ses jardins, nos jardins, vos jardins, leurs jardins, etc., etc.

2° SUR LES ADJECTIFS NUMÉRAUX.

Les élèves écriront en toutes lettres les nombres cardinaux et ensuite les nombres ordinaux jusqu'à cent et au-dessus.

4°. SUR LES ADJECTIFS INDÉFINIS.

Les élèves joindront à chacun des noms de l'exercice ci-bas les adjectifs indéfinis que voici : chaque, même, quel, quelque, quelconque, maint, certain, autre, plusieurs, tout, tel, aucun, nul, *de cette manière :*

Chaque ville.
La même ville.
Quelle ville ?
Une ville quelconque, etc., etc.

12. Ville, village, hameau, bourg, canton, guerrier, arrondissement, département, province, contrée, jour, épreuve, régiment, soldat, caporal, capitaine, général, morale, passion, nœud, opinion, espèce, place, temps, système, troupeau, rivière, montagne.

EXERCICES

SUR LES ADJECTIFS QUALIFICATIFS.

1° SUR LA FORMATION DU FÉMININ DANS LES ADJECTIFS.

Les élèves écriront en colonnes les adjectifs suivants une fois au masculin et une autre fois au féminin, de cette manière :

MASC.	FÉM.
Absent,	Absente,
Abstrait,	Abstraite, etc.

13. Absent, abstrait, adroit, affidé, âgé, aigu, aisé, altier, ambigu, ambulant, apparent, ardent, argentin, arrogant, ascendant, assidu, attrayant, banal, barbu, basané, bienfaisant, bienséant, bienveillant, bleu, blond, bossu, brillant, brun, canonial, charmant, chaud, cher, chevelu, cisconspect, clair, clairvoyant, clandestin, clément, collatéral, collégial, colonial, commercial, communal, commun, compétent, complaisant, complet, concis, concret, confiant, confus, conjoint, conséquent, content, contemporain, contigu, contrefait, contrit, convalescent, cordial, correct, court, criard, décent, décimal, défunt, délicat, départemental,

déplaisant, dépourvu, désolant, diagonal, diamétral, différent, diligent, direct, discret, dissolu, distant, distinct, distrait, divers, divin, droit, dur, écervelé, effréné, effronté, égal, électoral, élégant, éminent, enfantin, enjoué, entrepris, épars, éperdu, éploré, équilatéral, erroné, érudit, étroit, évident, exact, expert, exprès, exquis, extravagant, fainéant, fatal, fécond, féminin, féodal, fervent, feu, fier, filial, fréquent, friand, fripon, froid, futur, gai, galant, gascon, glouton, gluand, gourmand, grammatical, grand, gratuit, gris, hardi, haut, habité, herbu, horizontal, hospitalier, humain, illégal, immoral, impartial, impérial, ignorant, impertinent, imprudent, indigent, indolent, indu, indulgent, infernal, ingrat, innocent, inoui, inquiet, insolent, insouciant, intact, intelligent, intéressant, intestin, intrigant, isolé, issu, joli, journalier, légal, littéral, laid, lambin, léger, lent, libéral, libertin, lointain, lourd, loyal, madré, majeur, malin, mari, masculin, mauvais, méchant, médisant, ménager, meurtrier, mondain, moral, moribond, municipal, mûr, mutin, matinal, niais, nigaud, noir, nonchalant, nu, obscur, optus, odorant, opportun, opulent, ordinal, oriental, original, orphelin, pair, parfait, paroissial, partial, pectoral, permanent, permis, pervers, pétulent plat, plein, poli, poltron, précédent, précis, prématuré, présent, prêt, principal, profond, pronominal, prompt, provincial, puissant, pur, ras, récalcitrant, récent, réclus, replet, requis, retors, rond, ruse, sain, saint, salin, sanglant, sanguin, savant, secret, sensé, singulier, sis, social, sourd, souverain, stagnant, strict, stupéfait, susdit, suspecté, têtu, timbré, tors, tordu, total, touffu, trivial, turbulent, urgent, vagabond, vain, vert, vigilant, vil, vilain, violent, violet, viril, vital, voisin, vrai, zélé.

2° SUR LES EXCEPTIONS A LA RÈGLE GÉNÉRALE POUR LA FORMATION DU FÉMININ DANS LES ADJECTIFS.

On continuera à faire comme à l'exercice précédent.

14. Accidentel, actif, actuel, additionnel, administrateur, administratif, admirateur, adoptif, adorateur, adulateur, aérien, affectueux, affirmatif, afflictif, alternatif, ambassadeur, ambitieux, amoureux, ancien, anguleux, annuel, appréciatif, appréhensif, approbateur, approximatif, aqueux, artificiel, artificieux, attentif, attractif, attributif, audacieux, avantageux, bas, beau, belliqueux, bénin, blanc, boiteux, bon, boudeur, boueux, bref, brief, caduc, capricieux, captif, caverneux, chanceux, charnel, chatouilleux, chétif, chrétien, chuchoteur, coi, collectif, comparatif, conditionnel, confédératif, confidentiel, conjonctif, consécutif, constitutif, contagieux, continuel, convulsif, débiteur, dédaigneux, défectueux, défensif, définitif, délibératif, délicieux, démonstratif, dénominatif, dépuratif, déterminatif, digestif, diminutif, distinctif, distributif, douloureux, doux, dubitatif, électeur, enchanteur, épineux, estimatif, éternel, européen, éventuel, exécuteur, excessif, exclusif, explicatif, expressif, expulsif, fabuleux, facétieux, fâcheux, factieux, facultatif, fallacieux, fameux, faneur, farineux, fastidieux, fastueux, fautif, faux, favori, fédératif, ferrugineux, fictif, fiévreux, fol, fou, formel, frais, franc, frauduleux, fructueux, fugitif, furieux, furtif, gazeux, généreux, gentil, glorieux, gommeux, gouverneur, graduel, gracieux, gras, gros, graveleux, grief, grec, gueux, habituel, harmonieux, hasardeux, hideux, honteux, huileux, imitatif, impératif, impétueux, imposteur, indicatif, individuel, indus-

triel, industrieux, injurieux, insidieux, inspecteur, instructif, intellectuel, intempestif, introducteur, jaloux, joyeux, judicieux, jumeau, laborieux, laiteux, las, lascif, législatif, lépreux, licencieux, ligueur, litigieux, locatif, long, lucratif, lumineux, majestueux, malin, manuel, marécageux, massif, matériel, maternel, médiateur, mélodieux, menteur merveilleux, mielleux, mignon, ministériel, minutieux, miraculeux, miséricordieux, mitoyen, modérateur, modificatif, monstrueux, moqueur, mortel, moteur, mousseux, moyen, muet, mystérieux, nageur, naïf, natif, naturel, nébuleux, négatif, négociateur, neuf, nombreux, nouveau, oblong, observateur, odieux, offensif, officiel, officieux, oiseux, oisif, ombrageux, onéreux, oppressif, orageux, orgueilleux, osseux, païen, pareil, paresseux, parisien, paroissien, partiel, paternel, pâteux, pécheur, périlleux, pernicieux, perpétuel, personnel, persuasif, peureux, pierreux, pieux, plaintif, pluriel, pluvieux, pointilleux, poissonneux, polisson, pompeux, ponctuel, portatif, positif, possessif, poudreux, poussif, précieux, préjudiciel, présomptif, présomptueux, primitif, prodigieux, progressif, protecteur, public, purgatif, quotidien, raboteux, radieux, railleur, receleur, récréatif, réductif, relatif, rémunérateur, résineux, respectif, respectueux, rétif, rigoureux, roux, ruineux, sablonneux, sauf, scabreux, scandaleux, scrupuleux, scrutateur, sec, séditieux, sensuel, serf, sérieux, serviteur, solennel, somptueux, sot, spacieux, spectateur, spéculateur, spirituel, spiritueux, spoliateur, spongieux, studieux, tardif, temporel, ténébreux, testateur, textuel, tiers, transitif, trompeur, turc, universel, usuel, véniel, vif, vertueux, veuf, vicieux, victorieux, vieillot, vieil, vieux, vigoureux, vindicatif, visuel, volumineux, votif.

3° SUR LA FORMATION DU PLURIEL DANS LES ADJECTIFS.

Les élèves écriront les adjectifs du 13° et 14° exercices, en totalité ou en partie, au pluriel masculin et féminin, de cette manière :

Absents, absentes.

Abstraits, abstraites, etc.

4° SUR L'ACCORD DES ADJECTIFS AVEC LES NOMS.

Les élèves feront accorder, suivant les règles, les adjectifs avec les noms ci-dessous, une fois au singulier et une autre fois au pluriel, de cette manière :

Un homme bienfaisant, une femme bienfaisante ; des hommes bienfaisants, des femmes bienfaisantes, etc., etc.

15. Un homme *bienfaisant*; une femme *bienfaisant*. Un maître *hautain* ; une maîtresse *hautain*. Un serviteur *soumis*, *prévenant* ; une servante *soumis*, *prévenant*. Un avis *important* ; une démarche *important*. Un regard *pénétrant* ; une imagination *pénétrant*. Un clocher *haut* ; une montagne *haut*. Un parti *attrayant* ; une étude *attrayant*. Le temple *saint* ; l'écriture *saint*.

Un renard *fin*; une pensée *fin*. Un fruit *prématuré*; une mort *prématuré*. Un loup *affamé*; une louve *affamé*. Un tapis *vert*; une enseigne *vert*. Un papier *gris* ; une barbe *gris*. Un homme *gai* ; une femme *gai*. Un jour *brillant*; une nuit *brillant*. Un peuple *inconstant*; une nation *inconstant*. Un précipice *profond*; une fosse *profond*. Le jambon *cuit*; la viande *cuit*. Un *joli* garçon ; une *joli* fille. Un papier *peint*; une toile *peint*. Un *noir* complot; une *noir* calomnie. Un événement *singulier* ; une aventure *singulier*. Un fleuve *débordé* ; une rivière *débordé*. Un rocher *escarpé*;

une montagne *escarpé*. Le fruit *cru*; la pomme *cru*. Un frère *chéri*; une sœur *chéri*. Un front *ridé*; une figure *ridé*. Un air *fripon*; une mine *fripon*. Un discours *exact*, *concis*; une expression *exact*, *concis*. Un tonneau *plein*; une cuve *plein*. Un cabinet *clair*; une chambre *clair*. Un fait *certain*; une vérité *certain*. Un bâton *droit*; une canne *droit*. Un verre *uni*; une glace *uni*. Un mal *invétéré*; une habitude *invétéré*. Le pied *nu*; la tête *nu*. Un coffre *fort*; une prison *fort*. Un garçon *niais*, *distrait*; une fille *niais*, *distrait*. Le lieu *précis*; l'heure *précis*. Un bouquet *flétri*; une rose *flétri*. Une histoire *intéressant*; un conte *intéressant*. Un mal *accablant*; une nouvelle *accablant*. Un crime *atroce*; une action *atroce*. Un jeu *champêtre*; une fête *champêtre*. Un habit *bleu*; une robe *bleu*. Un projet *chimérique*; une imagination *chimérique*. Un ouvrage *complet*; une somme *complet*. Un devoir *facile*; une leçon *facile*. Un air *inquiet*; une figure *inquiet*. Un avis *utile*; une leçon *utile*. Un bonnet *rouge*; une cravate *rouge*. Un emploi *recherché*; une place *recherché*. Un appartemant *sain*; une chambre *sain*.

Un partage *égal*; une part *égal*. Un enseignement *mutuel*; une école *mutuel*. Un principe *libéral*; une opinion *libéral*. Un manteau *neuf*; une chemise *neuf*. Un animal *cruel*; une bête *cruel*. Un procédé *nouveau*; une forme *nouveau*. Un *nouvel* accord; une *nouvel* preuve. Un sentiment *universel*; une opinion *universel*. Un général *victorieux*; une armée *victorieux*. Un astre *rayonnant*; une lumière *rayonnant*. Un conte *moral*, *récréatif*; une instruction *moral*, *récréatif*. Un pays *méridional*, *riche*, *productif*; une contrée *méridional*, *riche*, *productif*. Un silence *continuel*, *soutenu*; une attention *continuel*, *soutenu*. Un animal *vorace*, *carnassier*, *dangereux*; une bête *vorace*, *carnas-*

sier, *dangereux*. Un *long* délai ; une maladie *long*, *ruineux*. Un sermon *court*, *bref*; une vie *court*, *bref*. Un arbre *sec* ; une plante *sec*. Un parti *positif*, *formel*; une opinion *positif*, *formel*. Un teint *vermeil*; une bouche *vermeil*. Un papier *blanc*; une toile *blanc*. Un ami *sincère* ; une amitié *sincère*. Un élève *attentif*, *studieux*, *sage*, *spirituel*, *savant* ; une fille *attentif*, *studieux*, *sage*, *spirituel*, *savant*. Un *faux* calcul ; une *faux* mesure. Un terme *usuel*, *admis* ; une expression *usuel*, *admis*. Un homme *fou* ; une femme *fou*. Un *fou* entêtement ; une *fou* joie. Un péché *actuel* ; une faute *actuel*, *grief*. Un *beau* livre ; un *beau* oiseau; une *beau* image ; une *beau* maison. Un air *bénin* ; une figure *bénin*. Un cheval *capricieux* ; une jument *capricieux*. Un fils *adoptif*; une fille *adoptif*. Un fruit *doux* ; une amande *doux*. Un principe *grammatical*; une analyse *grammatical*. Un discours *flatteur*, *persuasif*, *fastidieux*, *enchanteur* ; une allocution *flatteur*, *persuasif*, *fastidieux*, *enchanteur*. Un mouton *gras*; une brebis *gras*. Un *gros* rocher ; une *gros* montagne. Un monument *public*; une place *public*. Un usage *grec*; une coutume *grec*. Le poil *ras*; la barbe *ras*. Un *sot* ouvrier ; une *sot* servante. Un journal *quotidien*; une publication *quotidien*. Un événement *pareil*; une catastrophe *pareil*. Un mal *temporel*; une douleur *temporel*. Un jardin *agréable*; une campagne *agréable*. Du drap *roux*; de la toile *roux*. Du pain *frais*; de l'eau *frais*. L'homme *pécheur* ; la femme *pécheur*. Une rente *annuel*; un revenu *annuel*. Un concours *tumultueux*; une réunion *tumultueux*. Un règlement *sage*, *constitutionnel*, *formel*, *décisif*, *définitif*, *protecteur*; une loi *sage*, *constitutionnel*, *formel*, *décisif*, *définitif*, *protecteur*. Un mur *épais*; une muraille *épais*. Le profit *net*; la perte *net*. Un fruit *nouveau* ; la saison *nouveau*.

16. Mon frère et mon oncle sont *absent*. Mon frère

et ma sœur sont *bienfaisant*. Voici un général et un capitaine bien *expert* et très *aguerri*. Un garçon et une fille bien *poli*, bien *civilisé*. Le père et la mère *bon*. Le père et le fils *doux* et *affable*. Le père et sa fille sont *sourd* et *muet*. Cette mère et sa fille sont *orgueilleux* et *méprisant*. Mon maître et ma maîtresse sont *triste* et *réveur*. Ma mère et ma sœur sont *oisif*, *désœuvré*. Mon oncle et ma tante sont *mort*, *enterré*. Ce ruisseau et cette rivière sont *rapide* et *débordé*. Ta sœur et la mienne sont très-*studieux*, très-*attentif* et très-*instruit*. Votre maison et la nôtre sont *attenant*. Un pot et une marmite *cassé*. Une cave et une bourse *vide*. La bouteille et le tonneau *plein*. La vertu et le vice *contraire*. L'or et l'argent *recherché*.

Après que ces exercices n. 15 *et* 16 *auront été corrigés et mis au net, les élèves feront l'analyse du n.* 15, *de cette manière :*

Un. . . . . Adj. dét. numéral cardinal, m. *s*., s'accordant avec *homme*, qu'il détermine.

homme . . . . . n. com., m. s.

bienfaisant . . adj. qualif., m. s., s'accord. avec *homme*, qu'il qualifie.

une. . . . . adj. dét. num card., f. s., s'accrd. avec *femme*, qu'il détermine.

femme . . . . . n. com., f. s.

bienfaisante . adj. qualif., f. s., s'accord. avec *femme*, qu'il qu'alifie.

des . . . . art. composé, m. plur., s'accord. avec *hommes*, qu'il détermine.

hommes . . . . n. com, m. plur.

bienfaisants. . adj. qualif., m. plur., s'accord. avec *hommes*, qu'il qualifie.

des. . . . . art. comp., f. plur., s'accord. avec *femmes*, qu'il détermine.

femmes. . . . . n. com., f. plur.

bienfaisantes. adj. qualif., f. plur., s'accord. avec *femmes*, qu'il qualifie.

etc......... etc.

EXERCICES

SUR LE PRONOM AINSI QUE SUR LES AUTRES ESPÈCES DE MOTS QUI PRÉCÈDENT.

Les élèves analyseront tous les mots ci-dessous qui seront en leur connaissance : (le n., l'art., l'adj. et le pron.) *Quant aux mots qu'ils ne connaissent pas encore, ils les placeront également en marge ; mais sans les analyser* (les mots qui ne seront pas analysés ici sont en letres italiques), *de cette manière* :

Ton, adj. poss., m. s., s'accorde avec *frère*..
frère, n. com., m. s.
et —
le mien, pron. poss., m. s., se rapportant à *frère*, dont il tient la place.
etc., etc.

17. Ton père *et* le mien *sont* naifs. Mes sœurs *et* les tiennes *sont* malades. Je me *flatte*, tu te *flattes*, il se *flatte*, nous nous *flattons*, vous vous *flattez*, ils se *flattent*. Ce jardin *est* le vôtre ; celui-ci *est* le nôtre. Mon chapeau *est plus* joli *que* le tien ; il *est* neuf *et* le tien *est* usé. Ce livre *est à* moi ; celui-ci *est à* toi. J'*aime* la vertu, je la *pratique*, tu la *pratiques*, il la *pratique*, nous la *pratiquons*, vous la *pratiquez*, ils la *pratiquent*. Le vice *est* odieux ; je l'*évite*, tu l'*évites*, il l'*évite*, nous l'*évitons*, vous l'*évitez*, ils l'*évitent* ; je le *fuis*, tu le *fuis*, il le *fuit*, nous le *fuyons*, vous le *fuyez*, ils le *fuient*. Ces personnes *sont* véné-

rables : je leur *dois* le respet, tu leur *dois* le respect, tout le monde leur *doit* le respect, nous leur *devons* le respect, vous leur *devez* le respect, tous le hommes leur *doivent* le respect. J'*ai lu* cette histoire ; elle *est* belle *et* amusante. Ce fruit *est* mûr ; il *est très*-bon. Cette fille *est fort* spirituelle ; sa modestie, ses qualités *sont* aimables. Tu *donneras* ceci *à* celui qui te le *demandera*. Ta pomme *est* meilleure *que* la mienne ; elle *est plus* mûre et *plus* succulente. Cette belle maison que vous *voyez est* celle *de* mon père ; cet homme qui vous *a adressé* la parole *et avec* lequel vous *avez tenu* une longue conversation en *est* le locataire. Tes occupations *sont* utiles, *et* les leurs *aussi*. Ces enfants *aiment* leur père *et* leur mère ; ceux-là *maltraitent* les leurs. Ce jeune homme *aime* son frère *comme* soi-même. Ce jeune élève que vous *voyez*, c'*est* celui-là dont je vous *avais parlé et* qui vous *a salué à* votre arrivée. Ce qui me *désole* c'*est* la perte que j'*ai éprouvée*. La douleur que je *sens est* aigue. Je *sens* le poison se *glisser dans* mes veines. Mon ami, *appliques*-toi *à* l'étude : *vois*-tu *comme* ton frère s'y *applique* ; *comme* il y *met* tous ses soins ; *comme* il y *consacre* tous ses loisirs. Mon entreprise *est* importante, hasardeuse : je m'en *occupe*, tu t'en *occupes*, mon frère s'en *occupe*, nous nous en *occupons*, vous vous en *occupez*, ils s'en *occupent*. L'aumône *est* un précepte : je la *pratique*, tu la *pratiques*, Jérôme la *pratique*. L'humilité *est* une belle vertu : elle me *plait*, elle te *plait*, elle *plait à* tout le monde. Ce n'*est* pas celui qui se *loue*, qui se *vante*, qui se *flatte*, qui s'*estime* soi-même, qui *est véritablement* estimable ; mais c'*est* celui qui s'*applique* à se *rendre* vertueux. J'*obéis* à Dieu, tu lui *obéis*, tout l'Univers lui *obéit*, nous lui *obéissons*, vous lui *obéissez*, toutes les créatures lui *obéissent*. Ce qui t'*est arrivé*, je te l'*avais prédit* ; ce que je *prédis à* ta sœur lui *arrivera*. Je *fais* ce qui me *plaît*; tu *fais* ce qui te *plaît*, mon frère *fait* ce qui lui *plaît*, nous *faisons* ce qui nous *plaît*, vous *faites* ce qui vous *plaît*, mon frère *et* le vôtre *font* ce qui leur *plaît*. Je *choisirai* la place que je *voudrai*. Chacun *choisira* la place qui lui *conviendra*. Chacun *pense à* soi. Chacun s'*occupe* de ses intétêts. Cette plume, c'*est* celle de votre frère, c'*est* moi qui la lui *ai donnée : voici* la vôtre. Les biens que Dieu nous *a promis* il nous les *donnera*. On t'*appelle*, quelqu'un te *demande*. Quel *est* votre nom? quelle *est* votre profession? *Voilà* l'ordonnance : quiconque s'y *opposera* s'en *repentira*. Toute chose *a* sa fin. Chaque chose *a* sa fin. Qui que ce soit n'*obtiendra* cette permission. L'un *demande* une chose, l'autre en *demande* une autre. Il me *dérange* à tout instant, à chaque instant. Ne *faites* pas à autrui ce que vous ne *voudriez* pas qu'on vous *fît*. Toute sorte *de* nourriture lui *convient*; une espèce quelconque de nourriture lui *convient*. Rien n'*est* plus beau *que* la vertu. Personne *ne peut* suivre cette route: elle *est* impraticable. Tel *rit aujourd'hui*, qui *pleurera demain*. Ces écrivains *ont* chacun leur mérite; on les *estime beaucoup*. Ce qui me *plaît dans* ces enfants, c'*est* leur modestie *et* leurs grands talents. Des marchandises *de* toutes sortes arrivaient *de* tous côtés. Dieu, dont nous *devons admirer* les œuvres, *et* que nous *devons servir avec* fidélité, nous *prépare* des récompenses. Ils *chantaient* tous quatre; ils se *promenaient* tous quatre *ensemble*. Ils *sont morts* tous les quatre *dans* l'espace *de* six mois. Aucun n'*a échappé* au naufrage; tout *a été englouti*; rien n'*a reparu*. Tous les voyageurs, toutes les marchandises *ont péri*. En tous pays les bons cœurs *sont* frères. Aucun homme, aucune puissance *ne peut* lui *résister*. Qui *frappe* l'air *de* ces lugubres cris? Qui *demande-t*-on?

Quoiqu'on *demande donnez*-le. *Donnez*-leur du pain *et* du vin ; *rassasiez*-les *bien*. Tout ouvrier *mérite* un salaire. Quel devoir *a-t*-on *donné* à ces élèves ? Quelle tâche leur *a-t*-on *imposée* ? Qui *a pu occasionner* une telle émeute ? *à* quoi *aboutira-t*-elle ? Que *pensez*-vous ? *A* quoi vous *occupez*-vous ? *Savez*-vous qui *a fait* cela ? Si je *savais* celui qui *a fait* cette faute, je le *punirais* ; je lui *demanderais pour* quelle raison il l'a *faite*. Le devoir qu'on nous *a imposé est trop* difficile *pour* nous ; nous *ne* le *ferons pas*.

EXERCICES

SUR LE VERBE.

Les élèves conjugueront les verbes suivants ; d'abord un seul, puis 2, puis 3, puis 4 à la fois : quand on en conjuguera plusieurs on en prendra un dans chacune des 4 conjugaisons modèles. On conjuguera également le verbe être *et le verbe* avoir *en y joignant un adjectif, comme par exemple :* Je suis content, tu es content, etc. J'ai faim, etc. *En conjugant les verbes suivants, il est même très à propos d'ajouter un nom, c'est-à-dire un complément, comme par exemple :* J'aime Dieu, tu aimes Dieu, etc. J'accuse mon frère, tu accuses ton frère. Joseph accuse son frère, nous accusons nos frères, vous accusez vos frères, Pierre et Paul accusent leurs frères, etc.

Je cultive mon jardin, tu cultives ton jardin, Pierre cultive son jardin, nous cultivons, etc.

VERBES A CONJUGUER.

1re *Conjugaison.*

18. Accuser, additionner, administrer, admirer,

afficher, agiter, aider, aimer, ajouter, ajuster, alarmer, aligner, alimenter, allumer, amasser, analyser, animer, annuler, antidater, apaiser, appliquer, apporter, apprehender, apprêter, approcher, approuver, armer, arracher, arrêter, arriver, arroser, assister, assurer, attacher, autoriser, avancer, avouer, blesser, bobiner, boiter, border, brider, briller, briser, broder, cacher, calculer, casser, coller, colorer, compter, conjuguer, consulter, consumer, contempler, conter, couper, courber, coûter, creuser, cultiver, danser, débiter, décider, déchirer, déclamer, déclarer, désirer, détailler, dévorer, disputer, distribuer, diviser, donner, douter, écouter, égaler, entrer, glaner, jouer, juger, laver, limer, marchander, marcher, méditer, mépriser, mériter, monter, montrer, passer, penser, railler, regarder, créer, récréer, saluer suppléer.

Abréger, acheter, achever, affliger, allonger, amonceler, annoncer, appeler, apprécier, arranger, assiéger, associer, atteler, avancer, balayer, bécher, bégayer, bonifier, bourreler, cacheter, céder, célébrer, certifier, chanceler, charger, choyer, copier, corriger, cotoyer, coudoyer, crier, crocheter, crucifier, déblayer, décacheter, décéder, déceler, décréter, dédommager, dédier, défier, défrayer, délayer, dédier, déployer, dénoncer, déroger, digérer, diversifier, édifier, effrayer, égayer, élever, empaqueter, ennuyer, ensorceler, épeler, envoyer, épousseter. essayer, étiqueter, étudier, expier, fier, feuilleter, ficeler, fureter, geler, harceler, interroger, jeter, juger, justifier, lever, lier, loger, manier, menacer, ménager, mendier, nager, négocier, nettoyer, nier, niveler, noyer, octroyer, parier, payer, peler, percer, peser, plier, plonger, prier, projeter, protéger, publier, ranger, ratifier, ravager, rayer, rédiger, rejeter, régler, régner, remédier, remercier, renouveler, répéter, révéler, révérer, saccager, sacrifier, scier, sécher, semer, siéger, simplifier, songer, souffleter, supplier, tutoyer, varier, végéter, venger, voyager.

2e *Conjugaison.*

Abolir, aboutir, accomplir, accourcir, accourir, accueillir, acquérir, adoucir, affaiblir, affermir, affranchir, agir, agrandir, aigrir, amollir, amortir, anéantir, aplanir, aplatir, appartenir, appauvrir, appesantir, applaudir, approfondir, arrondir, assaillir, asservir, assortir, assoupir, assujettir, avertir, avilir, bâtir, bénir, blanchir, bouillir, chérir, choisir, conquérir, consentir, contenir, convertir, courir, crépir, croupir, cueillir, décatir, démolir, devenir, divertir, dormir, durcir, éblouir, éclaircir, élargir, embellir, emplir, enchérir, enrichir, envahir, épaissir, établir, étourdir, fléchir, flétrir, fleurir, fouir, fournir, franchir, frémir, fuir, garantir, garnir, gémir, grandir, gravir, grossir, guérir, jaillir, jouir, mentir, meurtrir, mourir, mugir, munir, noircir, obéir, obscurcir, obtenir, offrir, ourdir, ouvrir, partir, parvenir, pâlir, périr, polir, pourrir, punir, ravir, réfléchir, régir, réjouir, réunir, rotir, rugir, salir, secourir, sentir, servir, subir, tenir, ternir, venir, vêtir, vieillir.

3e *Conjugaison.*

Apercevoir, asseoir, concevoir, devoir, échoir, falloir, pourvoir, pouvoir, savoir, valoir.

4e *Conjugaison.*

Abattre, absoudre, admettre, apprendre, astreindre, atteindre, attendre, battre, boire, conclure, conduire, connaître, contraindre, craindre, croire, croître, cuire, descendre, détruire, dissoudre, distraire, écrire, élire, entendre, éteindre, faire, fendre, fondre, lire, luire, maudire, mettre, mordre, moudre, naître, nuire, paître, paraître, plaindre, plaire, prendre, produire, réduire, répondre, résoudre, rire, rompre, séduire, tendre, tondre, vendre, vivre.

Les élèves, après avoir conjugué ces verbes, tous ou en partie, feront de nouveau l'analyse de l'exercice n. 17, page 88. Ils désigneront pour chaque verbe : 1° *son* espèce ; 2° *ses* modifications, *c.-à-d. la* personne, *le* nombre, *le* temps *et le* mode ; 3° *la* conjugaison *à laquelle il appartient ;* 4° *son* sujet ; 5° *ses différents* compléments, *comme dans cet exemple :*

Pierre se donne des louanges.

Pierre . . . . n. prop. m. s., sujet du v. *donne*.
se (pour *à soi*) pron. pers., 3e pers. au m. s., tenant la place de *Pierre*, compl. indir. de *donne*.
donne . . . . v. actif accidentellement réfléchi, à la 3e pers. du sing. au prés. de l'indic., 1re conjug.
des. . . . . . art. comp. f. pl., s'accord. avec *louanges*, qu'il détermine.
louanges . . . n. com. f. pl. compl. dir. de *donne*.

EXERCICES

SUR LE PARTICIPE PRÉSENT.

Les élèves distingueront les participes présents des adjectifs verbaux, en faisant accorder ceux-ci avec les noms qu'ils qualifient, et en laissant les participes invariables. (Voyez page 59 et 92 de la Grammaire.)

19. Voilà des hommes *craignant* Dieu ; des mères *jouant* avec leurs enfants. Les enfants *obéissant* sont

chéris de leurs maîtres. On aime les enfants *obéissant* avec promptitude. On voit la rosée *dégouttant* des feuilles de ces arbres. Quand je vois les troupeaux *bondissant* sur l'herbe *verdoyant*, j'éprouve des plaisirs *ravissant*. Les eaux *croupissant* engendrent des maladies. Ces personnes sont *charmant*; en *charmant* tout le monde, elles se font admirer. Ces paroles sont *attendrissant*; en *attendrissant* tout le monde, elles font couler des larmes. Ces deux personnes sont très *ressemblant*. J'ai trouvé ta mère *souffrant* de la goutte : elle était bien *souffrant*. Cet homme avait des yeux *pénétrant*; ses paroles étaient *menaçant*. Voilà des gens *riant* à tout propos. Ce sont des femmes *allant* toujours, *agissant* du matin au soir; mais d'ailleurs *contrariant* tout le monde et *médisant* de leur prochain. La lionne *ayant* perdu ses petits annonce sa douleur par ses cris *perçant*; elle est triste et *gémissant*; c'est une mère *pleurant* ses petits. Les feux du midi *brûlant* nos campagnes, sont des feux bien *brûlant*. Voici une boisson *rafraîchissant*; en voici une *adoucissant* l'âcreté des humeurs. Il court ici des bruits *alarmant*. Ces personnes courent çà et là *alarmant* même les esprits les plus forts. Voilà des enfants bien *caressant*; on les voit *caressant* leur mère. Cette neige est *éblouissant*; voici une lumière *éblouissant* la vue.

EXERCICES

SUR LE PARTICIPE PRÉSENT.

Les élèves feront accorder, ou laisseront invariables, les participes ci-dessous, suivant les règles (page 60 et suivantes).

20. Ces arbres sont *chargé* de fruits. Ces maisons

sont bien *bâti*. Cette fleur a été *cueilli* dans votre jardin. Les nouvelles qui sont *arrivé* hier, ont été *répandu* parmi le peuple. La prudence et le courage *réuni* font de grands hommes. Les détachements qu'on a *envoyé*, sont *revenu*; ils étaient *allé* porter du secours à une ville *assiégé*. Quelles nouvelles as-tu *appris*? Les hommes sont *né* pour le travail; Dieu les a *créé* pour le ciel. Je vous remercie des services que vous m'avez *rendu*. Cette ville fut *saccagé* et *réduit* en cendres. Que la gloire du Seigneur soit *célébré* dans tous les siècles; les animaux et les plantes sont *nourri* de ses bienfaits. Que de soldats ont *péri* dans cette bataille! La ville de Rome fut *fondé* par Romulus. Ces malfaiteurs ont été *arrêté*, *jugé* et *condamné* à mort. Que les temps sont *changé*! Nous avons été *reçu*; ils ont été *reçu*; ils ont *reçu* tous leurs amis. Que sont *devenus* ces hommes si vantés, ces fiers tyrans? ils sont *mort*, et leur mémoire est *effacé*; leurs crimes seuls sont *resté*. Il est *arrivé* de grands malheurs. De grands malheurs sont *arrivé*. Ma plume est *taillé*. La vôtre est *usé*. Mes livres sont *tombé*. Louise a *lu* une histoire. La lettre que j'ai *écrit*, tu l'as *lu*. La leçon que tu as *appris*, tu l'as *récité*. Les fruits que nous avons *cueilli*, nous vous les avons *envoyé*. Madeleine a *pleuré* les fautes qu'elle avait *commis*. Voici la lettre que j'ai *reçu*. La réponse, on l'a *fait*; j'ai *reçu* cette lettre; nous en avons *fait* la réponse. Le gouverneur a bien *accueilli* nos amis; nos amis ont été bien *accueilli* par lui; il les a *éprouvé*. Quelle joie j'ai *éprouvé*; je n'avais jamais *éprouvé* la pareille. Que de vertus il a *pratiqué*! il a *pratiqué* de grandes vertus. Elle s'est *trompé*. Nous nous sommes *égaré*. Les lettres qu'ils se sont *écrit*, je les ai *mis* au feu. Ces maisons se sont *écroulé*. Nos amis se sont *dispersé*. Votre adversaire nous a *consulté*. Ils ont *mangé* des fruits que vous aviez *cueilli*. La même scène s'est *renouvelé* plusieurs fois. Ces femmes étaient *vêtu* décemment. Elles ont été *puni*. Ma sœur est *arrivé*. Mon frère et ma mère sont aussi *arrivé*. J'ai *écrit* une lettre. Lisez la lettre que j'ai *écrit*; lisez celle que m'a *envoyé* mon ami. Mes livres sont *tombé*; je les avais *placé* sur cette table. Ma sœur s'est *flatté* de réussir. Ces deux rivaux se sont *nui*. Quels livres a-t-il *lu*? Que de maux il a *souffert*! Combien d'outrages n'a-t-il pas *enduré*? Il nous a *prié* de lui écrire. Il nous a *recommandé* de lui écrire. Les leçons qu'on t'a *donné* à étudier, les as-tu *appris*? J'ai *vu* la lune, tu tu l'as *vu*, il l'a *vu*, nous l'avons *vu*, vous l'avez *vu*, ils l'ont *vu*. Combien de pages avez-vous *analysé*? J'ai *fait* l'analyse *ordonné*, l'as-tu *fait*, etc. (finir le temps). Je me suis *félicité*, etc. (finir le temps). Que de désagréments il m'ont *causé*! Il m'ont *félicité*. Nous avons *reçu* vos lettres. Ils ont *perdu* leurs livres. Vous avez dignement *récompensé* vos élèves. La lettre qu'ils se sont *adressé*, ils se la sont *montré*. Ils se sont *blâmé*. Ils se sont *adressé* une lettre. Ils se sont *écrit*; nous nous sommes *succédé*. Vous vous êtes *repenti* de votre légèreté. Les troupes se sont *emparé* de la ville. Ma mère m'a *écrit* une lettre. Les nations que les Romains ont *vaincu*. Elles sont *allé* chez votre père qui les a *accueilli* avec bonté. Elles se sont *épargné* bien des ennuis. Elles se sont *livré* à l'étude. Lucrèce s'est *tué*; elle s'est *donné* la mort. Mes sœurs ont été *puni*; elles sont *tombé*. La lettre que vous avez *écrit*, je l'ai *lu*. Les livres que j'avais *prêté*, on me les a *rendu*. Quelle affaire avez-vous *entrepris*? Combien d'ennemis n'a-t-il pas *vaincu*? Cette race s'est *multiplié*. C'est dans cette case qu'étaient *placé* mes livres. La leçon que tu as *appris*. Les raisins qu'il a *mangé*. Les pommes que ma sœur a *cueilli*, mon frère les a *mangé*. Les dangers que j'ai *couru*. La perte que j'ai *pleuré*.

Mes amis m'ont *félicité*. Ils nous ont *loué ;* ils vous ont *blâmé*. On nous a *donné* de belles récompenses. Les récompenses qu'on nous a *donné* sont précieuses. Nous avons bien *travaillé*. Nous avons *préparé* la balle que vous nous aviez *commissionné*. Vous vous êtes *vengé*. Elle s'est *coupé*. Elle s'est *coupé* la main. Les hommes que j'ai *rencontré* étaient *réuni* sur la place. Ces dames ont *chanté* la chanson que tu as *composé ;* je l'ai *chanté* aussi ; tous les cœurs se sont *attendri*. Voici une pièce que j'ai *lu* et que j'ai *applaudi ;* celle que j'ai *fait*, vous l'avez *vu ;* comment l'avez-vous *trouvé*. Julie a *récité* la fable qu'elle avait *appris* ; elle l'a très-bien *récité*. Les marchandises que j'avais *acheté* de vous, vous ne me les avez pas *livré*, et celles que vous m'avez *livré*, je vous les ai *renvoyé*. Nous avions *égaré* nos livres ; mais nous les avons *retrouvé*. Les prunes que tu as *mangé* vertes t'ont *causé* les douleurs que tu as *souffert*. Il ne m'était *resté* qu'une chétive maison que l'inondation m'a *emporté*. La grêle a *ravagé* toutes les terres que nous avons *ensemencé* : nous les avions bien *fumé*, et nous n'avions *semé* que des graines rares. Tu nous as *plaint :* combien de maux n'avons-nous pas *souffert !* Nous avons *supporté* même la faim et la soif. Voilà la maison que j'ai *acquis* de ton père ; je la lui ai *payé* comptant. Tu n'as pas *répondu* à la lettre que je t'avais *écrit* ; cependant tu l'as *reçu*. Les poires que nous avons *récolté* sont toutes *gâté* ; nous les avions cependant *cueilli* et *rentré* dans la bonne saison. Qu'as-tu *fait* des livres que je t'avais *prêté* ; les as-tu *lu* ? Que de fleurs j'ai *planté* dans mon jardin ! que de peine m'a *donné* ce travail ! que de moments précieux j'ai *perdu !* Ma mère est *étonné* des choses qu'on lui a *dit ;* elle les avait *cru* impossibles, et elle n'en est pas encore bien *revenu*. Ce domestique nous a bien *servi*, aussi il nous a *intéressé*. Ma sœur m'a *rendu* les livres que je lui avais *prêté* ; elle a *oublié* les règles de la grammaire qu'elle avait *appris* ; que de peine elle a *eu* pour les apprendre !

2° SUR LES DIFFÉRENTES DIFFICULTÉS QUI PEUVENT SE RENCONTRER DANS L'APPLICATION DES RÈGLES SUR LES PARTICIPES.

Même manière de faire qu'à l'exercice précédent.

21. Les oiseaux que j'ai *vu* s'envoler ; les oiseaux que j'ai *vu* plumer. Les femmes que j'ai *entendu* chanter. Les femmes que nous avons *vu* sortir étaient *vêtu* décemment. La maison que j'ai *vu* bâtir. Les talents que j'ai *entendu* vanter. Cette romance est charmante, je l'ai *entendu* chanter. Cette femme chante très-bien; Je l'ai *entendu* chanter. Les voleurs que nous avons *vu* poursuivre ont été *arrêté ;* nous les avons *entendu* blâmer même par leurs amis. Voici la lettre qu'il nous a *prié* d'écrire. Voici la femme que j'ai *vu* peindre ce tableau; voici dans ce tableau la déesse que j'ai *vu* peindre par cette femme. Elle nous a *entendu* blâmer ses défauts. Elle nous a *entendu* blâmer de nos défauts. Les plantes que tu as *laissé* croître. Les plantes que tu as *laissé* arracher. Les enfants que j'ai *vu* écrire. Les phrases que j'ai *vu* écrire. Je les ai *laissé* partir. Ils se sont *laissé* surprendre par l'ennemi. Ils se sont *vu* dépérir. Elle s'est *laissé* mourir. Il est *arrivé* des troupes nombreuses. Il s'est *opéré* une grande révolution le 24 février 1848. Il est *arrivé* de grands malheurs. Les mauvais temps qu'il a *eu*. On nous a *fait* courir tout le long du chemin. Il est *arrivé* trois voyageurs ; je les ai *vu* entrer dans cette auberge. *Vu* sa maladie , votre sœur restera à la maison. Les élèves que j'ai *vu* punir m'ont *paru* très-dissipés. Vos

deux frères, je les ai *vu* tomber et mourir à mes côtés. Nous vous attendrons deux heures, *passé* lesquelles nous partirons. Il y a deux heures *passé* que nous attendons. Ces faits ont été *supposé*. C'est votre sœur que j'ai *aperçu* sortir. Votre sœur est *sorti* : je l'ai *envoyé* chercher. Les mauvaises herbes qu'on a *laissé* croître dans ce champ ont beaucoup *nui* aux légumes qu'on y avait *planté*. Vous avez *obtenu* toutes les faveurs que vous avez *voulu*. Les choses sont *arrivé* comme il les a *voulu*. Ils se sont *proposé* de venir. Ils se sont *proposé* pour modèle. Ils se sont *montré* une lettre. Ils se sont *montré* à la fenêtre. Elle s'est *coupé* un doigt. Elle s'est *coupé* au doigt. Les peines que j'ai *su* que vous aviez. Ces blés sont très-beaux, mais j'en ai *vu* de plus beaux. Ces arbres me *gênant*, je les ai *fait* abattre. Les marchandises que tu as *laissé* introduire sont celles que tu as *laissé* périr. Oubliez les maux qu'on vous a *fait* souffrir. La maison que vous avez *fait* bâtir est très vaste. Les mille francs que votre terre m'a *coûté*... Les grands malheurs qu'il y a *eu* dans votre pays... Autant de services j'ai *reçu*, autant j'en ai *rendu*. Ces malheureux se sont *laissé* tuer sans se défendre. Nous avons *fait* toutes les démarches que nous avons *pu*. Les malheurs que j'avais *prévu* que vous auriez, vous sont *arrivé*. Ces marchandises ne sont pas aussi belles que vous nous l'avez *assuré*. Vous avez *surmonté* toutes les difficultés que vous avez *prévu* que vous auriez à vaincre. La nouvelle s'est *trouvé* vraie, comme vous l'aviez *jugé*. Leur réussite n'a pas été telle que nous l'avions *pensé*. Ma mère, dites-vous, est malade, elle vous l'a *paru*; mais elle ne l'est pas. J'ai *lu* plus de livres que vous n'en avez *manié*. Vous m'avez *parlé* de vos pertes : c'est moi qui en ai *éprouvé* ! Bonaparte a *remporté* plus de victoires que d'autres n'en ont *lu*. Ne pas écrire correctement, c'est dévoiler le peu d'éducation qu'on a *reçu*.

3° RÉCAPITULATION D'EXERCICES SUR LE PARTICIPE PRÉSENT ET SUR LE PARTICIPE PASSÉ.

Suite des exercices précédents.

22. Ces hommes, se *livrant* à leurs passions, se sont *précipité* dans le malheur. Une personne *vivant* dans la pratique de la vertu est toujours *aimé* et *estimé* de ceux dont elle est *connu*. Les ennemis, *profitant* des ténèbres de la nuit, ont *pénétré* dans la ville ; ils ont *pillé* et *incendié* nos maisons. Des nations *vaincu*, des sceptres *brisé*, des trônes *renversé*, des peuples *réduit* à la misère, tels sont les trophées de la guerre. Ces guerriers ont *assisté* à tous les grands combats qui se sont *livré*. Voilà des circonstances *aggravant* le délit. Avez-vous *vu* ma sœur? Les nouvelles qu'elle a *reçu* l'ont profondément *affligé*. La maison que j'ai *vu* bâtir est *menacé* d'une prompte ruine. Quelle belle armée nous avons *vu* marcher à l'ennemi ! Que de revers elle a *essuyé!* Les moutons que vous avez *laissé* paître et ceux que vous avez *laissé* enlever m'appartiennent. La fortune est *changeant ;* celui qui a *compté* sur les faveurs qu'elle lui a *fait* espérer l'a toujours *trouvé* infidèle. Nous avons reçu vos lettres *décacheté;* nous ne les avons point *ouvert*. Ses talents modestes lui ont *valu* de grands éloges. Les grands éloges que lui ont *valu* ses talents. Les pleurs que tu as *laissé* échapper ne nous ont point *attendri*. Les arbres que tu as *fait* abattre n'existent plus. Ni soupirs, ni terreur n'ont *ému* ses yeux. Les lettres qu'a *reçu* Ernest étaient *affranchi*. Vous avez *rendu* à votre ami tous les services que vous avez *pu*. Ce sont des terrains mobiles et peu *consistant*. Nous avons *vendu* des propriétés *consistant* en prés, en vignes et en bois. Mes frères se sont *proposé* de vous rendre visite aujourd'hui ; ils se sont *proposé* pour vous accompagner. Ces jeunes gens se sont *moqué* de vous ; ils se sont *conduit* de la manière

la plus imprudente. Les cahiers que j'ai *ordonné* qu'on m'apportât ici pour les examiner sont *disparu*. Ces histoires sont plus *intéressant* que je ne me l'étais *imaginé*. Ces deux hommes se sont *maltraité* réciproquement; les injures qu'ils se sont *adressé* étaient bien grossières; tout le monde les a *blâmé*. Les troupes qu'on a *contraint* de partir, et qu'on a *forcé* de se battre se sont *retiré* dans la citadelle. Les trois années que nous avons *vécu* dans la misère nous ont bien *ennuyé*, nous ont *paru* bien longues. La somme que j'ai *vu* compter était bien *insuffisant*. Nous avons *entendu* les bombes *éclatant* avec un horrible fracas. Le sage trouve la vertu *éclatant* d'attraits. Mes fils ne sont pas chez moi : je les avais *envoyé* cueillir des fruits, et depuis je les ai *envoyé* chercher par ma servante, qui ne les a pas *trouvé*. Les présents que j'ai *vu* refuser étaient peu dignes d'être *offert*. Les personnes que j'ai *entendu* lire étaient *doué* du plus bel organe. Nos jardins sont plus beaux que vous ne l'aviez *pensé*; je les ai *fait* cultiver par un habile jardinier. Le peu d'ardeur que vous avez *montré* vous a *nui*. Vous devez votre salut au peu d'ardeur que vous avez *montré*. Où sont, Mesdemoiselles, les pages que je vous ai *vu* écrire, et les fables que je vous ai *entendu* réciter? Nous avons *mangé* plus de pêches que vous n'en avez *récolté*. Si ces fleurs m'avaient *appartenu*, j'en aurais beaucoup *cueilli*. Vous connaissez mon pays; voici les nouvelles qu'on m'en a *apporté*. Les moutons que j'ai *trouvé* manquer dans ma bergerie, se sont *laissé* emporter par les loups. On attribuera notre retard aux pluies qu'il a *fait* et aux orages qui se sont *succédé*. Ces contrées sont plus *peuplé* que vous ne l'avez *cru*. Les soldats qu'on a *laissé* sortir de la ville, se sont *laissé* surprendre par les ennemis. Nous avons *admiré* votre fermeté; combien vous en avez *déployé* dans cette circonstance difficile! Les difficultés que nous nous étions-

proposé de résoudre nous ont *effrayé*. Les actions d'éclat qu'ont *fait* nos soldats, leur ont *mérité* la reconnaissance de la patrie. Les jours que j'ai *passé* à la campagne m'ont *paru* des minutes. Les historiens se sont *plu* à débiter bien des mensonges. Les personnes que j'ai *vu* périr s'étaient *exposé* imprudemment. Les nouvelles qu'on m'avait *garanti* vraies, sont *démenti* aujourd'hui par les personnes même qui les ont *fait* circuler. Les arbres que j'ai *négligé* de faire tailler dans la saison ont tellement *dépéri*, que je les ai *cru mort*. Les inspecteurs sont *venu*; je les ai *laisse* feuilleter mes livres. Toutes les nuits que ma mère a *pleuré* et *soupiré* lui ont *paru* des siècles. Voilà les raisons qu'on avait *prévu* qu'il alléguerait. La lettre que j'avais *présumé* que vous recevriez est enfin *arrivé*. Le peu d'amis que j'ai *rencontré* m'ont *rendu* tous les services qu'ils out *pu*. Les champs qui nous ont *vu* naître et que nous avons *vu* cultiver sont *devenu* l'affreux théâtre de la guerre. Cette faveur est plus grande que je ne l'avais *espéré*. Cet endroit n'est *peuplé* que de bons paysans et de quelques bourgeois *vivant* de leur fortune. Les plantes qu'a *rafraichi* la rosée du matin, brillent encore des pleurs que l'aurore a *laissé* échapper. Je le remercie des honneurs que sa protection m'a *valu*. J'avais deux filles, je les ai *fait* religieuses. Puisque votre fils est *arrivé* de l'armée, dites-nous les nouvelles qu'il en a *apporté*? Voilà des jardins qu'on nous a *laissé* à soigner, et des champs qu'on nous a *donné* à défricher. Rien n'égale l'aspect des sites *charmant* qui bordent les rivages *verdoyant* de la fontaine de Vaucluse. Les bords *riant* en sont *couvert* de plantes *odorant*, *naissant* au milieu d'une verdure *éclatant* de fraîcheur. Les règles que nous a *donné* notre professeur sont bien *raisonné*. La méthode que nous a *prescrit* ce savant grammairien est claire et à la portée de l'enfance. Les élèves qu'on a *vu* abuser des bontés de leur maître se sont *repenti* plus tard de cette conduite inconséquente. Ma fille, je vous interdis la compagnie des jeunes personnes que je vous ai *entendu* louer et que je vous ai *vu* trop souvent fréquenter. Les criminels que j'ai *vu* mener au supplice m'ont *paru* peu touchés de leur situation ; je ne les ai pas *vu* pleurer. Mon fils, voilà une histoire que j'ai *pensé* que tu avais *lu*. Ma fille me disait : les nouvelles que j'ai *su* que vous aviez *annoncé* à mon oncle m'ont *surpris*. Les livres que vous avez *laissé* lire à ces jeunes personnes leur ont *rempli* l'imagination d'idées frivoles, et les ont *détourné* des occupations sérieuses qui leur étaient *imposé*. Nous avons *donné* à ces élèves plus de couronnes que nous ne leur en avions *promis* ; c'est qu'ils en ont *mérité* plus que nous n'en avions *annoncé*. Il était bien juste que les récompenses fussent *proportionné* aux progrès qu'ils ont *fait*.

Voilà des demoiselles qui ne sont pas aussi *instruit* que nous l'avons *cru* ; elles sont plus frivoles que nous l'avions *imaginé*. Votre mère s'est *laissé* tromper; elle a *vendu* sa maison, et la somme qu'elle en a *tiré* n'égale pas ses dépenses Les reproches que ma conduite m'a *valu* me déchire le cœur. Tu prétends que les précautions que j'ai *cru* prendre sont vaines ; j'ai pourtant *employé* tous les moyens que j'ai *pu* pour les faire réussir. Mes sœurs étaient *parti* ; je les ai *rejoint*; c'est en vain qu'elles couraient, je les ai bientôt *atteint*, et elles se sont en un instant *vu* dépasser. Combien de fois ne vous ai-je pas *blâmé*, Mademoiselle, du peu d'attention que vous avez *apporté* à vos devoirs ! Nous ne nous sommes pas *laissé* intimider par la crainte des châtiments dont on nous a *menacé*. Le peu de fortune que j'ai *acquis*, je ne l'ai *amassé* qu'aux prix des dangers que j'ai *couru* et des privations sans nombre que je me suis *imposé*. Les personnes que vous aviez *convaincu* que nous étions *parti* le croient bien. Cette maison n'est pas aussi vieille que je l'avais *cru* d'abord. Nous les avons *laissé* nous débiter tous les mensonges qu'ils ont *voulu* ; mais nous nous sommes *imposé* la loi de ne pas croire aux récits qu'ils nous ont *fait*. Les idées que vous avez *essayé* de reproduire sont bien celles que j'ai *vu exprimé* dans les vers que vous avez *voulu* imiter. Les affaires que vous avez *voulu* que nous fissions n'ont pas *tourné* aussi heureusement que vous nous aviez *assuré* qu'elles tourneraient ; elles ont *échoué* complètement. Ces élèves se sont *aidé* dans les difficultés qu'ils ont *eu* à surmonter, et dans les questions qu'on leur a *donné* à résoudre. Le peu d'assiduité que vous avez *apporté* à vos devoirs me force à vous faire des reproches. Je ne suis pas *satisfait* du peu d'attention que vous avez *apporté* à faire vos devoirs. Je ne vous ai *vu* ni vous ni votre sœur, pendant les deux mois que j'ai *sjourné* dans cette ville. Votre sœur que j'ai *vu* peindre travaillait très-bien, imitait parfaitement l'original. Votre mère que j'ai *vu* peindre n'est pas bien peinte, n'est pas ressemblante. Ces hommes se sont *laissé* battre sans se défendre. Le peu d'application que tu as *montré* t'a *attiré* la punition que tu as *eu*. L'application que tu as *mis* à tes devoirs t'a *valu* les encouragements qu'on t'a *donné*. Les neiges qu'il y a *eu* cette année ont été prodigieuses. Les froids qu'il a *fait* ont été très-vifs. Mon père est *parti* aussitôt que l'affaire qu'il a *eu* avec vous a été *terminé*. Vos sœurs sont *arrivé* à la ville ; je les ai *engagé* à venir nous voir. Les livres que tu t'es *procuré*, les as-tu *perdu*? Mes amis, je vous ai *prêté* plus de volumes que vous ne m'en avez *rendu*. Vous avez *fait* des démarches imprudentes ; voyez quelles conséquences elles ont *eu*? Les chagrins qu'ont *éprouvé* vos parents, quand ils se sont *aperçu* de la folle conduite que vous aviez *tenu*, ont été bien *cuisant*. Que de nuits ils ont *passé* à gémir et à pleurer ! Maintenant que la sagesse vous est *revenu*, leur affliction s'est *changé* en joie. D'où sont *né* les difficultés que vous avez *trouvé* à la traduction que je vous ai *donné* à faire, si ce n'est du peu d'application que vous y avez *apporté* ? La foule des curieux que nous avons *aperçu* s'est peu à peu *dissipé*. C'est un des plus jolis ouvrages que j'aie *fait*. Ces jeunes gens se sont *déplu* dans notre société et se sont *ri* de nos conseils. Je tiens cette fâcheuse nouvelle d'une de vos sœurs que j'ai *rencontré* ce matin ; elle s'est *plu* à me la raconter. Voilà où les ont *conduit* les mauvaises sociétés qu'ils ont *fréquenté* et les habitudes vicieuses qu'ils y ont *puisé*. Ces élèves se félicitent de ne pas s'être laissé rebuter par les difficultés qu'ils ont *eu* à vaincre.

Après que ces derniers exercices sur le participe passé n. 20, 21 *et* 22 *auront été corrigés et mis au net, les élèves en feront l'analyse, sinon du tout, au moins d'une partie.*

EXERCICES

SUR LES MOTS INVARIABLES.

Comme l'orthographe des mots invariables, qui sont l'adverbe, *la* préposition, *la* conjonction *et l*'interjection, *ne présente aucune difficulté, ou du moins fort peu, nous en renvoyons les exercices en des dictées et des analyses prises sur un livre de lecture quelconque, mais principalement sur Télémaque. Alors ces exercices auront lieu non-seulement pour les mots invariables, mais pour les dix espèces de mots à mesure qu'elles se présenteront.*

Lès exercices sur l'orthographe, *page* 101, *et sur la* ponctuation, *page* 105, *auront lieu également par des dictées.*

FIN DES EXERCICES.

TABLE DES MATIÈRES.

PREMIÈRE PARTIE.

SECONDE PARTIE.

EXERCICES ORTHOGRAPHIQUES.

FIN DE LA TABLE.

Lyon. — Imp. de V. Ayné, r. Mercière, 44.

www.ingramcontent.com/pod-product-compliance
Lightning Source LLC
Chambersburg PA
CBHW070755290326
41931CB00011BA/2024

* 9 7 8 2 0 1 3 7 6 4 0 8 7 *